長寿社会の
地域公共交通

移動をうながす実例と法制度

西村　茂
Shigeru Nishimura

自治体研究社

目　　次

目　次

装丁　柴田舞美（アルファ・デザイン）

序　章

　公共交通は、狭いスペースに多人数が一緒になって移動できる効率的な手段として発達してきました。

　公共交通サービスの地域配置は、基本的には市場によって決まります。バス、地下鉄、鉄道は、多くの利用客の見込める地域、ルートで運行されています。収益が減少すれば、本数減や路線の撤退が起きます。

　大都市の中心部のように大量の利用者がいる地域には、充実した交通網が作られ、複数の事業者、様々な移動手段が乗客を奪い合っています。しかし過疎地域では、バスも鉄道もタクシーさえも不便か空白です。

　このような民間事業者の活動によって作られる状況に対して、自治体は、財政、規制、直営事業などの手段で介入を行います。これが自治体による地域公共交通政策です。本書は、自治体が取り組んでいる具体的な実例と、それを枠づける基本的法制度について検討しています。

　筆者はこれまで日本とフランスの各地で調査してきました。とくに地理的条件から交通が不便な地域、人口密度が低い地域を訪れて、そこで実践されている公共交通政策を見てきました。過疎地域、都市圏の周辺地域、農村山村漁村、などの特徴を持つ地域は、「密」ではない「疎」の状態ですから、交通事業者が参入したくない地域です。このような公共交通の維持が困難な地域でも、各地において自治体独自の多様な取り組みが行われています。本書では興味深い具体例とその教訓や課題を紹介するとともに、関連する法制度の問題点を整理しています。

　本書の構成は次のようになっています。

　まず第1部では、本書の基本的な視点として長寿社会における「移動」の意義を論じています。人にとって「移動」すること自体に大きな意義があり、

公共「交通」サービスはあくまで「移動」手段の1つであるとの視点から、自治体政策を考えるべきであることを論じます。

　第2部では、現地調査に基づいて日本各地での実例を、自治体の区域全体の公共交通を体系化する取り組み、自家用有償旅客運送、住民による自主運行バスに分けて紹介しています。

　第3部では、自治体の取り組みを制約している国の法制度の問題を整理しています。

　第4部以降の後半は、公共交通を公共サービスとして編成しているフランスの法制度と具体例を紹介します。まず第4部では、日本と対照的なフランスの法制度について紹介します。有名な交通権と交通税および法律が定める自治体の権限について検討した上で、新しい動向として、運賃無料化の取り組みを検討した上院の報告書、および2019年末に公布されたモビリティ基本法について紹介します。

　最後に第5部は、筆者が行った現地調査に基づいて、公共交通の提供が困難な小都市や農村地域における実態を紹介します。交通税の恩恵を受けない地域で交通権がどのように具体化されているのかを検証しています。

第1部　なぜ移動政策が重要なのか

　「交通」政策は、生活に必要な「移動」を保障する政策の重要な柱です。しかしそれは、より広い分野からなる「移動」政策の一部にすぎません。人にとって「移動」することは、生きていくための不可欠な活動であり、身体的にも精神的にも大きな意義があります。

　公共「交通」サービスはあくまで「移動」手段の1つであると考えると、自治体の「移動」政策は、バス路線維持やコミュニティバス運行だけに限定されるべきでないことが分かります。

　第 1 章では、長寿社会における高齢者の「移動」をうながす政策の重要性について、外出と健康寿命の関係、高齢ドライバーと免許返納問題から考えてみたいと思います。

第1章　長寿社会における移動の意義

はじめに　長寿社会における健康と移動・外出の意義

　人の寿命が延びたという現実は、公共政策の在り方に大きな影響を与えています。とくに地方では自治体の職員が耳を傾けるべき住民の多くが高齢者となっています。

高齢者の変化
　現在の高齢者は以前とは2つの点で変化しました。
　第1に、長寿は高齢者総数を増加させていることです。これは2042年まで続きます。また高齢者は全体として以前よりも健康になったと言われています。
　第2に、総数が増加する結果、移動が困難な高齢者も増加が予想されます。

　高齢者総数の増加をみると、2010年2190万人から2019年には3588万人（うち女性は2012万人、いずれも9月15日）に増加しました。
　今後20年間は増加が続き、2042年3935万人がピークと予測されています。65〜74歳の人口は2041年、75歳以上は2054年がピークになります。
　高齢化率の方は、さらに上昇を継続し2065年に38.4%になります。

　第2の変化を考えてみましょう。

健康寿命と平均寿命
年齢は、すべての人にとって「年齢を重ねる」という意味では平等です。
　しかし、それが「老い衰える」ことを意味するのかは、個人差があります。

なぜなら長寿は、必ずしも健康であることを意味しないからです。自然年齢の重要性が低下して、活動的で元気な高齢者が存在する一方で、総数が増加すれば、移動が困難な高齢者も増加することが予想できます。また「不健康とはいえない」ような状態だとしても、「健康で文化的な生活」ではない状態の高齢者が増えるかもしれません。

　健康寿命とは、「健康上の問題がない状態で日常生活が制限されることなく自立して生活できる期間」です。

　2016年で、女74.79歳、男72.14歳となっています（厚生労働省2018年3月公表）。健康寿命は「3年に一度、都道府県ごとに」出されています。

　他方で2018年の平均寿命は、女87.32歳、男81.25歳（厚生労働省2019年7月公表）となっています。

　2つの寿命の間には、実に12年、9年という長い期間があります。健康寿命を延ばし、平均寿命との差を縮めるのは、重要な政策課題といえるでしょう。

「弱者」支援政策と健康維持する政策

　医療の分野では、病気になった人を治療、ケアするだけでなく、病気になる原因への対策が重要だと言われます。高齢者の健康寿命についても同じアプローチが必要です。

　高齢者政策は、「弱者」を支援するだけではなく、元気で活動的な高齢者、幸福な高齢者の比率を高めるものでなければなりません。

　そのためには、健康を維持する政策が重要です。すなわち健康な高齢者を増やす政策は、高齢になる前の世代、若い世代を含むすべての人の健康にも配慮しなければならないわけです。それによってはじめて活動的な高齢者の比率を高めることができます。

　政府や自治体（首長、議員、行政職員）は、長寿社会への変化に、このような視点から取り組んでいるでしょうか？

　そこで検証すべき政策分野の1つは、外出・移動を促進する政策であると思います。自治体は、困難な高齢者のための外出支援策だけでなく、元気な

高齢者にはもっと外出してもらう政策、さらにすべての住民の移動に配慮した政策を実行しているでしょうか？

「公共交通」政策は、移動・外出を促進する政策の重要な柱です。しかしあくまで、より広範な「移動」政策の一部にすぎません。地域公共交通をバス路線維持やコミュニティバス運行だけに限定せず、移動手段（徒歩、自転車、電動アシスト自転車など）を広くとらえ直して再構成する必要があります。

多様な地域に配慮した公共交通

年齢や寿命の再考とともに、重要なのは地域の再考です。

公共交通は、地域づくりの基礎であると言われます。しかし必要なのは、総花的な全体計画ではありません。むしろ自治体の区域の中にも、多様な地域があることに配慮することが大切です。定期路線バスだけでなく、各地域の特性に応じた公共交通（オンデマンド、乗り合いタクシー、有償運送、ボランティアによる送迎など）を組み合わせることが重要です。

以下では、年齢と地域の問題をもう少し詳しく検討してみたいと思います。

1　長寿社会に対する基本的な視点

現在、政府も元気な老人には65歳を過ぎても働き続け、年金を受け取らず、たくさん納税してもらいたいと考えているようです。

「年齢だけで考えない」という点で、同じ発想と誤解されるかもしれませんが、筆者は高齢者一人一人が自分で決定できる選択肢を政府が提供することが重要であると考えます。

たとえば高齢で働くとしても、働かざるを得なくする政策ではなく、働き続けたい人を支援する政策であるべきです。リタイアした人、年金生活者を社会の「お荷物」のように扱うべきではありません。とくに自治体には、高齢者の多様性に配慮した丁寧な公共政策を求めます。

「活動的高齢化」への注目

高齢者は一般的に政府支出増大に結びつくと言われています。医療や福祉の関連支出が問題視されます。他方で、各国は緊縮財政の状態にあるため支出削減に取り組んでいます。

このような状況の中で、欧州では、「活動的高齢化」という概念が注目されるようになりました。

どうしたら高齢者がより積極的に社会参加できるようになり、その結果として経済、社会に貢献できるのかを模索しています。「活動的高齢化」は、高齢者が可能な限り自分で自分の面倒をみることが、高齢者本人にも政府にも利益であるとの考え方であるとも言われています。

対応する政策分野は、健康、社会保障、経済開発、都市デザインなど多岐にわたりますが、すべての分野にとって基本的なものとして、移動（モビリティ）が注目されています。

移動する高齢者

活発に移動する高齢者の意義は次の点にあります。

第1に、助けを借りずに自立した生活を送ることが可能になります。好きな時に1人で外出できる高齢者は、独立心、自立心を持てるようになります。家族や隣人に頼らない自立心は心身の健康にとって大切だとされています。

第2に、健康寿命が延びることです。そのような高齢者の比率を高めると、介護、買い物、医療に好影響を与え、支出削減効果も期待できると言われます。

自立とは、孤立ではありません。

自立した高齢者は、移動できることによって空間的地理的「つながり」を維持し広げられます。移動は、徒歩、自転車、自家用車、タクシー、バス、鉄道などの多様な手段の組み合わせによって支えられています。

移動する手段がスムーズにつながっていることによって、ライフラインである医療、買い物へのアクセスが確保されるだけでなく、心理的なつながり

も維持されます。生活の質が保障されるのです。

　欧州だけでなく日本でも、移動と健康の関係はすでに注目されています。

　たとえば交通政策審議会の地域公共交通部会は、外出の機会の増加を図り、経済・社会活動や交流による地域の活性化、高齢化社会における健康増進等につなげることが重要である旨を述べています（「中間とりまとめ」2020年1月）。

2　高齢者の外出手段

2-1　外　出　手　段

　私たちが外出に利用する手段は、多様です。高齢者も外出目的や目的地、天候などに応じて手段を選択しています。多様な外出手段のそれぞれの比重について現状をみてみます。

　データとして内閣府が公表しているアンケート結果を参照します。資料は2018年の調査データです（調査期間2018年11月17日～12月9日）。

高齢者の多数は公共交通を利用しない

　表1-1-1にあるように、利用手段のうち「自分で運転する自動車」は、60歳以上の高齢者全体では56.6％です。これは1995年には22.9％、2001年には33.5％でした。20年ほどで大幅に増加しています。

　「自分で運転」を年齢を区切ってみると加齢と共に率が低下します。「60～64歳」は78.8％ですが、80歳以上は26.4％と、大きな差があります。

　これに対して「バス」を利用する60歳以上の高齢者は全体で20.2％にすぎません。1995年の26.7％からさらに減少しています。「バス」利用は、年齢別で一番比率が高い「75～79歳」でさえ24.5％です。「60～64歳」は12.6％にすぎません。

　高齢者でも「バス」に乗らない。これが私たちが生きている現在の特徴です。

表1-1-1　外出する際に利用す

	徒　　歩	車　い　す	電動三輪車	自　転　車	バ　イ　ク	自分で運転
全　　体	56.4	0.8	0.7	22.4	3.5	56.6
男　　性	56.9	0.7	0.6	22.8	4.7	73.6
女　　性	56.0	0.9	0.8	22.1	2.5	41.8
60～64歳	48.0	0.7	0.4	20.1	4.5	78.8
65～69歳	54.7	0.2	0.8	28.2	3.2	68.6
70～74歳	56.8	0.7	0.7	20.3	3.6	63.3
75～79歳	62.5	0.3	0.8	24.5	4.7	45.7
80歳以上	58.5	2.3	0.6	16.6	2.0	26.4
男～64歳	54.2	—	—	18.3	3.8	85.5
65～69歳	52.0	—	0.9	25.6	4.0	84.3
70～74歳	58.9	1.0	—	19.3	5.6	76.6
75～79歳	63.9	—	0.6	25.3	6.0	68.7
80歳以上	56.2	2.6	1.3	24.2	3.9	49.0
女～64歳	42.0	1.4	0.7	21.7	5.1	72.5
65～69歳	57.1	0.4	0.8	30.6	2.4	54.8
70～74歳	54.8	0.5	1.4	21.2	1.8	51.2
75～79歳	61.4	0.5	1.0	23.9	3.6	26.4
80歳以上	60.2	2.0	—	10.7	0.5	8.7

出所：内閣府「平成30年度　高齢者の住宅と生活環境に関する調査」。

この認識を公共交通政策の前提としておさえておく必要があります。

明確な男女差

「自分で運転」する女性の高齢者は多くないのが現状です。

「60～64歳」の女性では72.5％で、男性85.5％との差は小さいですが、「80歳以上」では女8.7％、男49％と大きな差があります。

　この性差は、「65～69歳」では女54.8％、男84.3％、「70～74歳」では女51.2％、男76.6％、「75～79歳」では女26.4％、男68.7％となっています。

　この数値と免許保有率から考えると、現在60歳の女性が80歳となる20年後には「性差」の問題はほぼなくなると予想できます。

「バス」利用者では性差は小さいですが、女性の方が比率が高くなっています。

「60～64歳」では女13％、男12.2％、「80歳以上」では女19.4％、男19％

る手段（年齢・性別）（複数回答）

家族等運転	バ　　ス	電　　車	タクシー	そ　の　他	わからない
20.5	20.2	20.3	8.2	1.4	0.1
9.8	18.3	20.6	6.6	0.7	0.1
29.9	21.8	20.1	9.7	2.0	0.1
14.1	12.6	18.2	1.5	0.7	—
14.9	20.2	23.2	6.5	0.6	0.2
18.6	22.0	22.0	7.0	0.7	—
19.8	24.5	23.4	8.5	1.4	—
36.1	19.2	12.9	16.9	3.7	0.3
9.9	12.2	23.7	2.3	0.8	—
4.9	16.1	20.6	4.0	—	0.4
6.1	20.8	22.3	7.6	—	—
8.4	22.3	19.9	5.4	1.8	—
22.9	19.0	16.3	13.7	1.3	—
18.1	13.0	13.0	0.7	0.7	—
23.8	23.8	25.4	8.7	1.2	—
30.0	23.0	21.7	6.5	1.4	—
29.4	26.4	26.4	11.2	1.0	—
46.4	19.4	10.2	19.4	5.6	0.5

と差がありませんが、「65〜69歳」では女23.8％、男16.1％、「70〜74歳」では女23％、男20.8％、「75〜79歳」では女26.4％、男22.3％、とやや差があります。

　以上から、男性の高齢者はとくに「バス」に乗らないことが分かります。これは「自分で運転する」男性の多さと関連しています。このまま推移すれば20年後には、「バス」に乗る女性高齢者は半減しそうです。

大都市と小都市・町村との格差

　次に、地域差を見てみましょう。

　「自分で運転」をみると、大都市で38.4％に対し、小都市66.7％、町村66.8％と大きな差があります。小都市・町村では、自家用車が不可欠な移動手段であることを示しています（表1−1−2）。

　逆に、大都市の高齢者は、「バス」と「電車」をよく利用しています。

　「バス」は、大都市35.5％、小都市11.6％、町村9.5％となり、「電車」は、

表 1 - 1 - 2　外出する際に利用す

	徒　　歩	車 い す	電動三輪車	自 転 車	バ イ ク	自分で運転
全　体	56.4	0.8	0.7	22.4	3.5	56.6
大都市	71.0	1.9	1.7	29.5	4.3	38.4
中都市	57.5	0.1	0.5	25.0	2.6	56.9
小都市	49.0	0.4	0.2	16.1	4.1	66.7
町　村	42.7	1.7	0.4	15.1	3.9	66.8

出所：内閣府「平成 30 年度　高齢者の住宅と生活環境に関する調査」。

大都市 36.5%、小都市 14.8%、町村 9.1%、と大きな差があります。

　大都市の多数の高齢者は歩いています。「自転車」の利用も高くなっています。

　「徒歩」は、大都市 71%、小都市 49%、町村 42.7% となり、「自転車」は、大都市 29.5%、小都市 16.1%、町村 15.1% となっています。

　以上のように、高齢者が利用できる移動手段の地域差は歴然としています。

　大都市とくに中心部は、バスだけでなく鉄道、地下鉄が発達しているので、運転をしない人の移動手段が確保されています。徒歩や自転車での移動もできます。

　それに対して小都市・町村のような地域では、不便なバスだけが自家用車に代替できる交通手段であるといえます。このような地域で、高齢者の移動を維持、促進することは重要な課題です。ただ免許返納を推進するだけでは移動手段を取り上げることになりかねません。

2-2　外出の頻度と健康

　移動の不足、外出の不足は、身体の運動不足につながります。

　さらに影響は、身体だけでなく精神にも及びます。2020 年の新型コロナによるパンデミックによって、多くの人がこのことを実感したはずです。

　外出の頻度を、主観的な健康状態別にみたデータがあります（内閣府『平成 30 年版高齢社会白書（全体版)』）。

る手段（居住地別）（複数回答）

家族等運転	バ　　ス	電　　車	タクシー	そ　の　他	わからない
20.5	20.2	20.3	8.2	1.4	0.1
16.5	35.5	36.5	11.3	1.4	0.2
20.7	20.6	18.4	8.8	1.5	—
21.7	11.6	14.8	6.5	1.4	0.2
24.6	9.5	9.1	4.7	0.9	—

外 出 の 頻 度

　それによると、健康状態が「良い」と感じている人は、約8割が「ほとんど毎日外出」しています。逆に、「週に1回未満」の人は1.5％にすぎません。

　他方、健康状態が「良くない」と感じる人では、「ほとんど毎日外出」は約3割しかありません。「ほとんど外出しない」と「週に1回未満」の合計が約3割に達します。

　社会的活動への参加の有無と主観的な健康状態の関係をみると、健康状態が「良い」「まあ良い」「ふつう」と答えた人では、3割以上が社会的な活動に参加しています。逆に、「あまり良くない」では20.3％、「良くない」では11.5％となります。

外出と健康の関係

　以上のデータから何がいえるでしょうか？

　「健康状態が実際に良いから日常生活において活発である」のか、それとも「日常生活において活発であるから健康状態の自認が良い」のか、因果関係を判断することはできません。

　しかし、健康であると「自認」する人が、日常生活において活発であること、逆に、健康の「自認度」が低い人は不活発であり、不活発が健康の「自認度」を下げる可能性があることは明らかです。

　すなわち、不活発と「健康でない」状態の悪循環が生じるリスクが推測されます。

　定期的に外出しない高齢者は、運動不足となり、筋肉や骨の老化、転倒や

骨折のリスクが高まると言われています。健康状態が優れず、家に籠もる状態になると、社会的接触の機会も減少します。これが状況をさらに悪化させて精神的な問題を抱えるリスクも高まります。

　外出しない、あるいは外出できない人の外出を促し支援する政策、ストレスのない移動を実現する政策は、健康にとって有益であると考えます。今後、活動的高齢者の比率を高めるために、移動政策、公共交通政策が果たす役割は大きいといえます。

3　高齢ドライバーの現実

　ここでは、別の視点から高齢者の外出について考えてみます。

　高齢者が、自分で選んだ時間に、行きたい場所へ移動できるという「自由な移動」を可能にするのは、徒歩、自転車、自家用車です。この中で、車は最も快適な移動手段です。雨や雪という悪天候に左右されず、高速で移動できます。費用の高さ、事故の危険、運動不足などのマイナス面を考えても、一度手にしたら利用をやめるのが難しい手段です。自家用車は、電車やバスにはない魅力を持っています。

高齢者と自家用車

　現在、高齢ドライバーは、大きな社会問題となっています。

　高齢者になれば免許返納して、バス、電車または自転車や徒歩で外出すべきだという議論があります。また、環境保護の観点からも、マイカーを手放すことを奨励する考え方もあります。

　悲惨な事故が報道され、高齢ドライバーの運転は、危ないという認識が広く浸透しています。自治体も積極的に返納に取り組んでおり、タクシー等の割引チケットを交付するなど奨励策を具体化しています。

　国立研究開発法人の「国立長寿医療研究センター」のサイトを見ると、「高齢ドライバーの状況」は、次のように要約されています。

①　高齢化率の上昇に伴い、高齢ドライバー数は近年著しく増加。

②　高齢期における視覚、運動、認知機能の低下は、運転技能の低下を招き事故の危険性を上昇させる。

③　運転している高齢者の約半数以上は毎日運転している。

④　認知症の疑いのある方の約40％が運転を継続している。

⑤　交通事故の発生件数は減少しているが、相対的に高齢者の事故の割合が増えている。

以上のような事実と数値を示されると、やはり高齢ドライバーの運転が危惧されます。

しかし実際に高齢ドライバーは、どれほど危険なのでしょうか？　別のデータを検討してみます。

高齢ドライバーが事故を起こす確率

警察庁は毎年「交通事故件数と年齢層別免許保有者数」の関係を公表しています。

2018年の数値を見てみます（表1-1-3）。

年齢別で、最も事故を起こす確率が高いのは、「16〜19歳」です。10万人当たりで1489.2件となっています。

以下、多い順に並べると、「20〜24歳」876.9件、「85歳以上」645.9件、「25〜29歳」624.0件、「80〜84歳」604.5件となります。

ここから何がいえるでしょうか？

25歳未満のドライバーは、80歳以上より危険なドライバーであること、「85歳以上」、「25〜29歳」、「80〜84歳」の年齢層の事故を起こす確率に差があまりないことです。

高齢者を一律に考えてはいけないということもデータから明らかです。「30〜34歳」487.5件、「70〜74歳」458.6件ですから、あまり差がなく75

表 1 - 1 - 3　原付以上運転者（第 1 当事者）の年齢層別免許保有者 10 万人当たり
交通事故件数の推移

年 年齢層別	2008	2009	2010	2011	2012	2013	2014	2015	2016	2017	2018
15 歳以下	—	—	—	—	—	—	—	—	—	—	—
16〜19 歳	2506.0	2437.1	2381.0	2296.3	2272.3	2189.5	2057.0	1888.8	1822.2	1649.9	1489.2
20〜24 歳	1514.3	1485.2	1466.5	1399.7	1390.3	1325.9	1202.9	1144.9	1070.1	979.7	876.9
25〜29 歳	1036.3	1017.5	1014.8	992.3	983.9	932.3	866.4	814.1	752.7	697.4	624.0
30〜34 歳	841.3	810.5	804.1	771.2	750.1	713.2	649.4	616.7	581.6	541.1	487.5
35〜39 歳	796.3	761.4	756.2	725.4	703.5	658.8	597.4	554.7	512.7	486.1	433.7
40〜44 歳	760.2	745.3	752.7	695.7	681.6	644.6	591.2	547.8	514.6	476.4	432.2
45〜49 歳	739.7	707.9	702.6	686.4	640.8	612.7	564.3	528.7	482.9	474.4	431.7
50〜54 歳	749.3	714.6	702.5	663.7	629.3	591.3	530.0	497.8	475.2	450.5	414.0
55〜59 歳	828.6	777.8	745.9	702.1	657.7	609.3	551.1	516.6	472.3	446.5	415.6
60〜64 歳	811.6	763.8	731.9	707.5	676.9	635.8	569.4	522.8	481.9	461.4	426.4
65〜69 歳	797.1	770.4	780.5	721.5	647.4	609.7	545.9	510.5	488.9	478.4	438.4
70〜74 歳	860.3	823.0	803.8	750.5	711.1	650.0	604.9	597.6	545.4	497.6	458.6
75〜79 歳	967.6	969.9	921.4	869.3	824.0	792.9	721.2	662.0	600.8	581.8	533.3
80〜84 歳	996.8	1002.4	994.5	977.1	881.2	843.8	800.1	740.0	683.8	630.5	604.5
85 歳以上	1050.0	1076.7	999.7	1001.6	969.1	895.1	854.3	811.3	744.1	712.2	645.9
全年齢層	899.5	863.9	849.2	807.7	774.0	728.9	663.1	620.9	577.5	543.5	494.1
(再掲)											
16〜24 歳	1686.0	1649.5	1626.0	1555.7	1544.4	1479.3	1348.9	1271.3	1194.9	1089.2	973.1
65 歳以上	863.3	842.1	833.7	784.4	724.9	679.5	621.5	588.0	547.9	523.1	483.3
70 歳以上	916.9	900.7	874.1	828.9	781.0	731.0	678.8	650.1	595.7	555.6	512.4
75 歳以上	981.9	987.6	949.1	912.2	854.0	818.3	758.9	701.8	641.3	610.7	566.4
80 歳以上	1007.4	1018.1	995.7	983.0	902.4	856.9	814.5	759.0	700.1	652.3	615.7

出所：警察庁「平成 30 年中の交通事故の発生状況」。

歳未満の高齢者は「35〜64 歳」とほぼ同程度なのです。

　死亡事故に絞ったデータも見てみましょう（表 1 - 1 - 4）。
　2018 年の死亡事故件数を見ると、最も確率が高いのは、85 歳以上の 16.27
件です。以下順に、「16〜19 歳」11.43 件、「80〜84 歳」9.21 件、「75〜79 歳」
6.17 件、「20〜24 歳」4.58 件、「70〜74 歳」4.40 件となっています。
　まず 85 歳以上が死亡事故当事者となる確率は非常に高いことが分かります。
これが高齢ドライバーのイメージを悪くしています。

表1-1-4　原付以上運転者（第1当事者）の年齢層別免許保有者10万人当たり死亡事故件数の推移

年 年齢層別	2008	2009	2010	2011	2012	2013	2014	2015	2016	2017	2018
15歳以下	—	—	—	—	—	—	—	—	—	—	—
16〜19歳	20.39	19.68	15.46	16.90	14.95	16.91	13.75	14.36	13.54	11.45	11.43
20〜24歳	8.91	9.23	8.05	7.99	7.22	6.51	6.40	6.23	5.98	5.21	4.58
25〜29歳	6.54	5.37	5.09	5.73	5.27	5.39	4.53	4.64	3.82	4.02	3.44
30〜34歳	4.59	4.17	4.97	4.31	4.35	3.45	3.87	3.35	3.45	3.28	2.89
35〜39歳	4.93	4.51	4.55	4.03	3.76	3.56	3.02	3.23	2.98	3.01	2.84
40〜44歳	4.42	4.31	4.64	4.37	4.14	3.75	3.51	3.38	3.59	2.88	2.98
45〜49歳	4.45	4.36	4.35	4.07	3.66	4.09	3.85	3.30	3.38	3.84	2.95
50〜54歳	4.79	4.57	4.53	4.41	3.61	3.66	3.65	3.74	3.31	3.58	3.56
55〜59歳	4.45	4.69	4.42	3.81	4.14	3.54	3.90	4.15	3.64	3.38	3.09
60〜64歳	4.39	4.52	5.00	4.32	4.06	4.39	3.88	3.61	3.57	3.56	3.39
65〜69歳	5.40	4.56	4.56	4.71	4.07	4.14	3.82	4.02	3.77	3.44	3.42
70〜74歳	7.74	6.35	6.66	5.23	4.73	5.44	4.46	4.84	4.48	4.12	4.40
75〜79歳	11.61	11.79	9.41	8.90	9.17	8.27	7.68	6.99	6.68	5.75	6.17
80〜84歳	15.19	12.59	16.60	14.66	14.57	12.82	13.42	11.53	10.62	9.19	9.21
85歳以上	23.33	24.71	23.64	18.72	16.97	20.26	18.37	18.17	16.66	14.57	16.27
全年齢層	5.82	5.50	5.49	5.14	4.82	4.72	4.43	4.36	4.15	3.95	3.76
（再掲）											
16〜24歳	10.89	11.03	9.34	9.54	8.57	8.36	7.66	7.61	7.23	6.23	5.65
65歳以上	8.17	7.28	7.41	6.78	6.36	6.38	5.84	5.80	5.46	4.91	5.15
70歳以上	10.41	9.50	9.58	8.24	8.03	8.04	7.37	7.23	6.83	5.98	6.28
75歳以上	13.48	13.03	12.70	11.44	11.46	10.83	10.53	9.58	8.95	7.75	8.16
80歳以上	16.81	15.15	18.22	15.64	15.14	14.72	14.74	13.30	12.25	10.63	11.13

出所：警察庁「平成30年中の交通死亡事故の発生状況及び道路交通法違反取締り状況等について」。

　しかし、高齢ドライバーを、5歳きざみで見ると、大きな違いがあることも分かります。

　「70〜74歳」の4.40件は、その下の世代とそれほど変わりません。「65〜69歳」3.42件、「60〜64歳」3.39件、「55〜59歳」3.09件、「50〜54歳」3.56件となっています。

　65歳以上の高齢者を一律に扱えないことが分かります。

　日本老年学会・日本老年医学会の報告書は、65歳から74歳では「心身の健康が保たれており、活発な社会活動が可能な人が大多数を占めている」と

述べています。

　歴史的な推移のデータも考える必要がありそうです。

　それをみると、近年は全体の死亡事故率も高齢ドライバーの死亡事故率もともに減少しています。

　表1-1-4が示すように死亡事故件数の推移は、全年齢では5.82件（2008年）→3.76件（2018年）となり、とくに「16〜19歳」は20.39件→11.43件と大幅に減少しました。

　高齢者でも85歳以上で23.33件→16.27件、「80〜84歳」15.19件→9.21件、「75〜79歳」11.61件→6.17件、「70〜74歳」7.74件→4.40件、「65〜69歳」5.40件→3.42件と、すべて減少しています。

　減少の要因は、車の安全性能向上などが考えられます。

　このような歴史的推移から考えると、年齢だけで一律に、高齢者は運転を止めるべきとは言えないことを示しているのではないでしょうか。

運転をやめる弊害と「運転寿命」

　最後に、自治体政策への示唆として強調したいことは、免許返納のマイナス面です。

　先の国立長寿医療研究センターも指摘していますが、最近の研究では、高齢者の「運転寿命」すなわち安全に運転できる期間を伸ばすことが、健康寿命の延伸に重要であることが明らかになっています。

　皆さんも返納後に外出が減った、元気がなくなったという話は聞かれたことがあるのではないでしょうか。外出が面倒になり健康に影響を与えるという問題への対策、すなわち外出支援、移動政策、さらには公共交通の充実なしに、免許返納だけを性急に進めるべきではありません。

　内閣府の「高齢者の経済・生活環境に関する調査」（2016年度実施、60歳以上の男女約2000人）によると、買い物は外出の重要なきっかけになっていることが示されています。

　どの年齢層でも「自分でお店に買いに行く」との回答が最多となっていますが、移動手段は「自分で自動車を運転」が「徒歩」や「公共交通機関」を上回っています。

　高齢者とくに80歳未満の高齢者は、安全に運転できるならば「日常の買い物などの必要」による自家用車利用が、外出の契機になり、健康寿命の延びにつながる可能性があります。

　したがって免許返納政策は、外出の頻度が減るというマイナス効果について充分に配慮しなければなりません。とくに、大都市以外の地域では、免許返納後の移動政策が大きな課題です。

4　小　　括

　先にみたように高齢者の外出手段は、小都市や町村では自家用車に大きく依存しています。バスや電車が利用されないのは、そもそも極めて不便だからです。

　古いデータになりますが「平成23年度　国土交通省調査」によれば、バス・鉄道駅が1km以内にはない地域＝空白地の規模をみると、空白地面積は14.2％、空白地人口は1.8％です。

　しかし日常の移動を考慮して鉄道500m、バス300mになると、空白地面積は52.2％、空白地人口は20.7％に拡大します。

　このデータは、駅との直線距離だけを問題にしていますから、1日の便数はまったく考慮されていません。不便でもバスが走っていれば数値に反映されていないのです。またスーパーや病院までの距離も考慮されていません。その点を考えると、この空白地データよりもさらに広い地域に多くの人が暮らしていることが想像できます。

　このような公共交通の不便な地域で、代替的な移動手段を整備せずに、免許返納を訴えるのはまったく無責任といえるでしょう。自治体は、地域住民の通院や買い物の足を確保しておかなければなりません。

第2部　各地における独自の取り組み

　ここでは、筆者がこれまでヒアリングを行ってきた地域のうち、とくに過疎地域や都市の郊外地域の事例について紹介します。

　現地調査から時間が経過したためデータはできる限り新しいものを使いましたが、現地でいただいた貴重な資料は参考になると考えて、年度の古いものを使用していることをご了承下さい。

　第1章では、自治体区域全体の公共交通を体系化する視点から公共交通サービスを整備している事例を紹介します。デマンド交通と定期路線バスとを組み合わせた広域的な整備、スクールバスに一般乗客を乗せる試み、市営事業と民間バス事業の競合問題、路線バスとコミュニティバスの市全域での統一的運行、について紹介します。

　第2章では、社会福祉協議会が運営している自家用有償旅客運送の事例を紹介します。

　第3章では、住民による自主運行バスの事例と成功の要因を紹介します。

第1章　地域公共交通サービスの体系的整備をめざして

　公共交通政策では、「隙間」を埋めるサービスを導入すると同時に全体をつなげる体系化が不可欠です。この点に配慮した自治体の政策によって、公共交通の空白と事業者間の過当競争という現状を改めなければなりません。

　国土交通省も同じような主張をしています。「地域全体を見渡した総合的な公共交通ネットワークの形成」とか、「地域特性に応じた多様な交通サービスの組み合わせ」などの提唱を繰り返しています。問題は、実際にどう進めるかです。

1　デマンド交通と定期路線バスの組み合わせ

　各地の自治体は、赤字の定期路線バスを補助金で支えています。しかしこれだけでは域内の利便性は高まりません。

　「幹線」と「枝線」の組み合わせや、定期路線のない地域をカバーするデマンド交通により、面的な整備が必要です。

1-1　四万十市

市の概要

　四万十市は、2005年4月、中村市と西土佐村が合併して誕生しました。

　中心部の中村駅までのアクセスをみると、高知駅からJRと土佐くろしお鉄道で1時間40分〜2時間、バス（しまんとライナー）で2時間22分のところにあります。

　人口は3万3678人（2020年1月1日現在）の地方都市です。2006年3月末の人口は3万7783人でしたから、合併以後大きく減少しています。中心部の旧中村市でも減少しているのが特徴です。

旧中村市は面積 384.50km² の規模でしたが、現在は面積 632.29km² に拡大しています。合併で広い山間地を含むことになりました。

　市内には 2019 年 3 月現在、定時定路線バスが 10 路線（市内 6 路線、地域間幹線 4 路線）があります。またデマンド型（予約運行）の乗合いバス・タクシーとして、中村地区中心部の「中村まちバス」および中山間地域（4 エリア）の「ふれ愛号・ふれ愛タクシー」もあります。

日本初のデマンドバス

　四万十市のデマンド交通システムは、デマンド交通としては先駆的な旧中村市の取り組みから始まりました。2000 年 4 月から国のモデル地区として実験運行が開始され、7 月から本格運行しました。

　GPS によるバス位置検知、コンピューターによる運行経路選定などを特徴とする「日本初のデマンドバス」と言われます。

　導入にあたっては、以前の 28 箇所のバス停に加え、29 箇所を新設しています。ただ運行エリアを拡大しただけでは不便になる場合がありますが、以前の市内循環バスよりも、停留所を増やすことで、より密度高く市街地をカバーする状態にしたことで利用が促進されました。

　またデマンド交通は予約時だけ走行するため、車両の耐用年数はより長くなり、環境面でもやさしいと評価されていました。

デマンドバス運行地域の拡大

　合併後の 2011 年 3 月には、約 670 万円をかけてデマンド交通システムの改修とハードウェア更新を実施するとともに、不破エリアに運行を拡大し、バス停 2 箇所も追加されました。また市民病院への乗り入れも開始されました。

　2012 年には、安並エリアに運行拡大し、バス停 5 箇所が追加されました。また市役所への乗り入れの開始、車両の小型化、障がい者割引の導入が実施されました。

　さらに 2013 年 4 月からは、1 日の運行時間の拡大、バス停 7 箇所を追加し、八束線の実証運行を開始しています。

　2015 年の時点で、バス停は 72 箇所になり、導入時よりも 15 増加していま
す。

　四万十市のデマンド交通は、旧中村市の市街地から始まって、次第に広い
地域をカバーする形で発展してきました。2020 年 8 月現在、中心部の「中
村まちバス」以外に、「後川エリア」、「富山・蕨岡エリア」、「西土佐エリア」、
「八束エリア」で運行されています。

概　　要
路線が固定（ドアツードアではない）。運行ルートのバス停で乗降。

予約方法
①　一般バス停から乗る場合
・乗るバス停名と目的地のバス停名、乗車希望時刻を伝える。
・係員がコンピューターに要求内容を入力し、電話で可能な乗車時刻を伝
える。
・利用は、当日のみ指定できる。
②　路線バスから乗り換える場合
・高知西南交通の路線バス車内で運転手に申し出る。運転手が乗り換え便
に直接連絡する。
・他の路線バスからは、利用者が市民病院前、中村駅等への到着時刻をあ
らかじめ調べ、バスセンターに電話で予約する。
③　予約なしでの利用
・他の人がすでに中村まちバスを予約していた場合や、偶然バス停で出会
った場合等は、予約していなくても利用できる。その場合は、乗車時に降り
る場所を運転手に申し出る。

　運行時間は 8:30〜11:00、12:00〜18:00。
　運賃は中学生以上が 200 円、小学生以下は 100 円、障がい者、児童福祉適
用者及びその介護人は、片道運賃の半額。

車両は、2012 年から「9 人乗り＋車いす 1」の車両 1 台で運行（以前は 21 人乗りバス）。

運行事業と予約業務は、高知西南交通に委託。

利 用 状 況

利用者は導入直後には約 5 倍に増加し、2002 年度には年間 8813 人（1 日平均 24.3 人）となっています。さらに 2013 年度は 1 万 1229 人（1 日平均 30.8 人）と順調に増加してきました。ただ、近年は「ほぼ横ばい」となっています（「四万十市地域公共交通網形成計画（概要版）」2019 年 3 月、以下、「2019 網形成計画」）。

収 支

コンピューターによる予約システムを含む初期導入費用は 1 億 8 千万円でした。ハードとソフトは、実証実験後に、国から無償譲渡されています。また通信費は、導入後 3 年間は、高知県が負担していました。

高知西南交通への補助は、「通常欠損額」の 90％ で始まり、2010 年度からは 100％ に強化されています。

補助額は 2002 年度の 503 万円から 2013 年 836 万 4000 円へと増加しています。これは経常費用の増大と補助率の増加が、そのまま反映した結果です（表 2-1-1）。

表 2-1-1　四万十市・中村まちバスの補助金等（市負担は補助金＋通信費）

	2002 年度	2013 年度
経 常 費 用	7,445,000	10,538,000
経 常 収 益	1,855,000	2,173,000
経 常 欠 損 額	5,589,000	8,364,000
補 助 金 額	5,030,000	8,364,000
通 信 費	1,364,000	219,000

中山間地のデマンド型の乗合いバス・タクシー

合併によって市域が拡大した後、2009 年 3 月に「四万十市地域公共交通活性化協議会」が設置され、2010 年 3 月には「四万十市地域公共交通総合連携計画」が策定されました。これを踏まえて、2011 年 3 月、西土佐エリアにワゴン 3 台、後

川エリアでワゴン1台で、実証運行が開始されました。

　2012年3月にはエリアを拡大し、東富山・蕨岡エリアでタクシー2台、西富山・蕨岡エリアでワゴン1台により、あらたにデマンド交通が導入されています。2013年4月からは、後川エリアでは5往復から4往復への減便調整が実施されています。

概　　要

　区域運行型（一部が路線型）および不定路線型（八束線：乗り合いタクシー）。エリアによってタイプが異なる。

　運行日や運行本数は限定的。たとえば「八束線」は月、木のみ運行で1日3往復など。

　予約は予約受付センター。オペレーター4名（2交替制）で電話で対応。システム開発・保守は、NTT西日本。

　運行時間（区域運行型）、月〜土運行でエリアごとに異なる。

　①　中村地域

　・後川エリア8:00〜17:30。

　・東富山・蕨岡エリア7:00〜17:30。

　・西富山・蕨岡エリア7:00〜17:00。

　②　西土佐地域

　・北部6:00〜17:00。

　・中部6:00〜19:00。

　区域運行型の運賃は、大人エリア内200円、2エリア300円、2エリア超500円。不定期路線型は、大人100〜700円に設定。

　車両は、「10人乗り」4台、「9人乗り＋車いす」1台、「6人乗り」のタクシー2台、および予備車1〜2台で運行。

　運行事業は、西土佐交通、四万十市ハイヤータクシー組合、高知西南交通に委託。

図2-1-1　四万十市・中山間地デマンド交通　ふれ愛タクシー・ふれ愛号
出所：四万十市。

利 用 状 況

2011年度の年間4780人（1日平均16.1人）から始まり、2013年度には8942人（1日平均30.2人）と、ほぼ2倍に増加しています。ただし近年は「ほぼ横ばい」と報告されています（「2019網形成計画」）。

収　　　支

2010年度の初期導入費用は約4500万円でした。国の補助金等があり、市の支出は約700万円程度でした。

2011年度のデマンド交通運行経費は、約3600万円でしたが、これも国の補助金等により、市の支出は約1200万円で済んでいました。

しかし2012年度補助金がなくなって、市の負担額は一気に約3600万円に増加しています。本来、この金額が中山間地デマンド交通に必要な市のコストです（表2-1-2）。

2018年度の運行経費総額は、約3850万円。これに対して、運賃収入は約160万円ですから、収支率（運賃収入／経費）は、約4%にすぎません。

評 価 と 課 題

四万十市のデマンド交通システムは、中山間地の集落も含めて広い地域をカバーし、バスの待ち時間がなくなったと利用者の評価が高く、年間利用人数も順調に伸びました。　部地域に公共交通不便地域が残っていますが「中山間部をデマンド交通運行エリアでカバーしていることもあり、市域全体で概ねの居住地域が公共交通の利用圏域に含まれています」（「2019網形成計

表2-1-2　四万十市・中山間地デマンド交通の収支（2012年度）

運行経費	受付センター（委託料・電話料等）	4,436,094
	西土佐エリア（委託料等）	15,796,437
	東富山・蕨岡エリア（委託料等）	11,226,138
	後川、西富山・蕨岡エリア（運行補助金）	5,465,000
	デマンドシステム保守料	1,575,000
	小計	38,498,669
運行収入	受付センター経費負担金（高知西南交通より）	859,438
	運賃	1,608,750
	小計	2,468,188
四万十市の負担額	運行経費マイナス運行収入	36,030,481

画」)。

　ただし、旧中村市のデマンドバスは、初期費用が高額だったという問題があります。国の補助金を得てコンピューターによる予約システムが導入されました。

　現在は予約システムも開発が進み、コストも低下していると考えられるものの、デマンド交通導入には、初期費用の負担が考慮すべき課題といえます。

　バス・タクシーへの市の「補助額等は、約1億円」です。「過去3年間の推移では、『市内路線バス』はやや減少傾向、『幹線路線バス』及び『中山間デマンド交通』は増加傾向」となっています（「2019網形成計画」）。

　調査時点の収支では、市によるデマンド交通の負担は全体（中村まちバスと中山間地デマンド交通）で約4500万円に対して、運賃などの収入は約450万です。収支率は10％しかありませんでした。

　そのため市は経費削減を課題としていました。とくに中山間地のデマンド交通については、運行日と便数の削減、運行経費が「拘束時間ベース」であるものを「実運行ベース」に変更することが検討されていました。

　しかし、減便は利便性の低下で利用減に直結します。慎重に検討すべき課題です。せっかく整備されてきた公共交通の体系化を維持し、どのように路線バス、タクシー等を含めた再編を行うかが課題です。「2019網形成計画」

を見る限り、サービス削減ではなく充実の方向で計画されていることがうかがえます。

1-2　土 佐 清 水 市

　土佐清水市は、「デマンド交通や公共交通空白地有償運送（旧過疎地有償運送）の整備により、公共交通空白地区の存在しない自治体を宣言」しています（「土佐清水市地域公共交通網形成計画」2019 年 3 月、以下「2019 網形成計画」）。

市 の 概 要

　土佐清水市は、足摺半島の先端部にある足摺岬を含む地域です。

　市の面積は 266.34km²、人口は 1 万 3111 人（2020 年 5 月末現在）です。2006 年 3 月末の 1 万 7928 人から、約 27％ も減少しています。高齢者比率は 46％（2015 年国勢調査）に達しています。

　高知市からは約 130km 離れ、鉄道駅・空港も遠い地域です。高知市からのアクセスは、車で約 2 時間 30 分となっています。鉄道・バスでは高知駅から JR および、くろしお鉄道で中村駅まで約 1 時間 40 分、バスに乗り継いで土佐清水まで約 55 分です。市中心部から半島先端の足摺岬までは、バスでさらに約 30 分かかります。

公共交通の状況

　市内には、19 の「限界集落」があり、路線バスがカバーしていない「空白地域」が 5 つ存在しています。この点について、「2019 網形成計画」は次のように書いています。「平面地図ではバス路線の沿線に見えても実際にはかなりの高低差のある地形であるなど、様々な理由により公共交通が非常に使いづらい（使いたくても使えない）状態にある地区が存在している」。

NPO によるデマンド交通

　土佐清水市は、中心から離れた集落にまで目配りし、乗り継ぎを考慮して

図 2 - 1 - 2　土佐清水市・デマンド交通　おでかけ号
出所：土佐清水市。

公共交通を体系的に構築しています。デマンド交通によって、路線バスの隙間を埋めて、不便地域の足を確保しているのが特徴です。

　2012 年、NPO 法人ノアズアークと他の団体の協力で、路線バス、通園・通学バスなどを含めて、地域内の公共交通のあり方を見直し、「市民の誰もが出かけることができる地域密着型の移動システム」を構築する目的から、「誰でも、お出かけ委員会」がつくられました。メンバーには、社会福祉協議会、医師会、タクシー会社、バス会社、PTA、区長会、市、県が含まれていました。

　計画案の作成は、NPO 法人ノアズアークに業務委託され、2013 年 3 月には「地域内移動システム計画（案）及びデマンド交通（区域運行）」が、土佐清水市地域公共交通協議会総会で承認されています。

　その結果、市の単独補助金で運行していた廃止代替バスを廃止（足摺岬から窪津経由清水線のみ存続）、旧町単位の区域運行（デマンド運行）へ移行しました。路線バスへの接続することを基本としながらも、一部の便は中心市街地までの運行として利便性を高めています。2013 年 10 月から 2014 年 9 月

まで実証運行を行い、2014 年 10 月から本格運行に移行しています。

　デマンド交通は 2 つの地区（下の加江、三崎・下川口）で実施されています。その概要は、以下の通りです。

　出発・到着時刻、便数は固定。

　「大まかな経路」はあるが路線は固定されず、自宅、自宅周辺まで送迎。

　エリア内移動を基本としていますが、一部は市街地へ直結。

　予約受付 9：00〜17：00。朝 11 時までの出発は前日まで。

　運行は、日曜日、祝祭日等をのぞく週 6 日。

　運賃は移動 1 回が、エリア内 100 円、エリア外 200 円、市中心部まで 600 円（下浦と三崎地区）、800 円（立石、布と下川口地区）。また小学生以下と障がい者は半額、未就学児童（保護者同伴）は無料、通学・通勤等に路線バスの定期券を購入している場合はその区間に限り無料。

　地元のタクシー会社（足摺交通ハイヤーと龍串・見残観光ハイヤー）に委託。

過疎地有償運送（2015 年から公共交通空白地有償運送に名称変更）

　5 つの地区（家路川、大川内、藤ノ川・鳥淵、松山・横峯、横道）で実施されています。予約があった場合に運行されます。その概要は以下の通りです。

　出発・到着時刻は固定。

　予約によって運行され利用には会員登録が必要。

　NPO が事業主体として、予約運行コーディネート。

　運行は週 2 回。月・木または火・金で、地区により曜日は異なる。

　運行区間は、エリア内の市民センター、ショッピングセンターまでに設定。

　運賃はエリア内移動 100 円。

　運転手は地元の区長等のボランティア 12 名。

　各自の保有する車両 12 台を使用。

利 用 状 況

　2つの地区（下の加江、三崎・下川口）のデマンド交通は本格運行から、料金をそれぞれ 200 円値下げするとともに、時刻表を改正し、路線バスとの乗り継ぎの利便性を高めた結果、1日平均の乗車人数は、2013 年 10 月の 8.69人が、2015 年 1 月には 11.13 人と増加しました。

　他方で、過疎地有償運送の利用者はごくわずかのようです。運転手の確保等からやむを得ないとはいえ、出発・到着時刻が定められ運行も週 2 回である点で、住民の足としてはかなり限定的で、利用につながっていないと考えられます。

収　　　支

　市のデマンド交通と有償運送関連支出は、交通空白地域の住民の移動支援重視を反映して 2000 万円前後（2014 年度・2015 年度）になっています（表2－1－3 および表2－1－4）。

　市では小学校・保育園の併用 8 台、中学校が 7 台のスクールバスを運行しています。2015 年 4 月から統合により小学校 14→8、中学校 5→1、保育園12→5 と減少したためです。

　このスクールバスや路線バスへの補助を含めた「公共交通維持活性化にかかる経費」（2015 年度）は、約 1 億 3500 万円の規模となっています（表2－1－4）。

表2－1－3　土佐清水市・2014 年度予算（デマンド交通・過疎地有償運送）

		支出
予約業務委託料（NPO）		4,493,000
中山間地域移動手段確保支援事業補助金	デマンド交通（タクシー会社）	14,394,000
	過疎地有償運送（NPO）	282,000
合計		19,169,000

注：実証運行期間中は、「中山間地域移動手段確保支援事業補助金」については高知県から 3 分の 2 が補助された。

表 2-1-4　土佐清水市・2015 年度予算（公共交通維持活性化
にかかる経費）

保育園児童送迎車（業務委託）	7,956,000
小学校スクールバス（業務委託）	9,459,000
中学校スクールバス（業務委託）	53,840,000
中山間地域移動手段確保支援事業（業務委託）	4,134,000
中山間地域移動手段確保支援事業補助金	18,310,000
廃止路線代替バス運行事業費補助	16,094,000
生活路線バス運行維持費補助	25,131,000
合計	134,924,000

注：「生活路線バス運行維持費補助」の約 70% は足摺岬へのバスに対
するものです。

表 2-1-5　土佐清水市・2014 年度（4 月～2015 年 1 月）
補助金支出状況（交通事業所分）

	運行経費	運行収入	補助金額	乗車人数
足摺交通	3,892,100	217,950	3,674,150	1,408
龍串・見残観光	6,457,200	711,800	5,745,400	1,462
合計	10,349,300	929,750	9,419,550	2,870

　そのうちの約 14% が、デマンド交通・過疎地有償運送関連で約 1900 万
（2014 年度）です。現在の市民数で計算すると、市民 1 人あたり約 1450 円で
デマンド交通・有償運送が維持されていることになります。

　デマンド交通（タクシー会社委託分）の運賃収入のデータによると、収支
（運行経費／運行収入）率は約 9% にすぎません（表 2-1-5）。四万十市と
同程度です。

評価と課題

　2 つの地区（下の加江、三崎・下川口）のデマンド交通は、ドアツードア
型とルート固定型の中間形態といえます。利便性を考慮して、定時でもドア
ツードア型に近い運用をしていると評価できます。

デマンド交通の収支率は約9％と低いため、自治体の負担が問題になります。収支率と関連して、デマンド交通・有償運送に市民1人あたり年間約1450円が支出されていることをどのように評価するか問われることになります。筆者としては、すべての住民に移動手段を確保する目的からして決して重い負担ではないと思います。デマンド交通・有償運送を路線バスへの接続として体系化し、利用者を増やす等の工夫により、運行経費の上昇を抑えることも可能であると考えます。

　土佐清水市の取り組みは、市域全体とくに、中心集落から離れた集落にまで目配りした公共交通サービスを、接続などを考慮して体系的に構築している点が優れています。

　他の地域では、たとえば200円バスが広域に運行されて注目される事例もありますが、区域が広ければ、バスが走るルートを重要な幹線に限定せざるをえません。そのため便利な公共交通網が存在する一方で、取り残される「空白地域」が存在します。そこでは社会福祉協議会やNPOによる有償運送がカバーしている場合が見られますが、問題は自治体が区域全体の公共交通サービスの体系化を視野に入れて、接続や乗り換えなどの調整を実施しているかです。この点で、四万十市や土佐清水市の事例は、参考になります。

2　スクールバスとの競合対策

　多くの自治体では、民間の路線バス、NPO等の運行するバスとともに、教育委員会がスクールバスを運行しています。

　学校の統合が推進されることで、スクールバスの運行も広がっています。

　スクールバスは、登下校時にのみ運行され、空き時間が生じる交通手段です。また通院の時間に重なるため、一般乗客を乗せて走る工夫も可能です。

　スクールバスの活用は、自家用自動車を利用できない通学者・高齢者の移動手段を確保するための貴重な手段となります。

　問題となるのは、ルートや時間が重なり、バラバラに運行されていることです。国土交通省も「民間路線バスとの競合解消事例等についてデータを収

集し、成功事例の発掘」をしています。ただし解決を自治体の責任にしているのは問題です。

2-1　スクールバスの目的とその変化

事例を見る前に、前提としてまずスクールバスの意義を確認しておきます。そもそもスクールバスとは次のような性格をもつ交通手段です。

①　へき地学校の児童生徒の通学を容易にすることを目的とし、国がバス購入費の国庫補助制度を設けています（「へき地教育振興法」1954 年施行）。

②　近年は、合併・過疎化などによる学校統廃合で、遠距離通学が必要になった児童生徒に対象を広げ、バス購入費の国庫補助を実施。

③　2005 年以後、登下校の安全確保の観点から、スクールバスに通学距離が短い児童生徒を同乗させる取組等を実施。

④　路線バス等をスクールバスとして活用することについて、登下校時における安全確保の方策の一つとして検討（文部科学省 2006 年 2 月 17 日付けの各都道府県・指定都市教育委員会教育長あて通知）。

以上のような変化は、スクールバスの実態の多様化といえます。その内容は、活用範囲、対象の拡大であり、背景には路線バスとの棲み分けないしは競合問題があります。

2-2　珠洲市：一般乗客のスクールバス乗車

市 の 概 要

珠洲市は、能登半島の先端である奥能登地域の最先端に位置しています。

県庁所在地の金沢市からは、車で約 2 時間 30 分、金沢駅から特急バスで約 2 時間 30 分の距離にあります。2005 年に、のと線が廃止され市内に鉄道駅はありません。のと里山空港からはタクシー利用で約 40 分です。

人口は 1 万 3870 人（2020 年 6 月末）で、2005 年末の 1 万 9376 人から大きく減少しています。高齢化率は 46.6％（2015 年）、49.9％（2018 年 10 月 1 日

推計）と非常に高い地域です。平成合併は行われませんでしたが、1954 年に
3 町 6 村が合併し市域が大きくなったこともあり、市域全体に集落が点在し
ています。面積は、247.2km^{2}ですが可住地 60.6km^{2}でその比率は 24.5％ し
かありません。

　珠洲市は、これまで地域公共交通活性化のために様々な運行実験に取り組
み、住民の足の確保を図っています。民間バス会社の撤退を受けて、市街地
循環線を「まちなかバスすずらん」に、小屋線を「市営バス小屋線」として
運行しています。またスクールバスの空き時間の有効活用として「市営バス
三崎線」を運行しています。

スクールバスに一般乗客を乗せる

　珠洲市地域公共交通活性化協議会は、「スクールバスを活用して乗り合いバ
スを運行」した点を理由に、2012 年に地域公共交通優良団体国土交通大臣表
彰を受けています。

　珠洲市のスクールバス活用は、児童生徒と一般乗客が一緒に乗るような
「混乗」ではありません。市は「混乗」を提案しましたが、保護者の反対が強
かったこと、路線バスと競合することから実現しませんでした。

　そのため、スクールバスが生徒を降ろした後に、一般乗客を有料で運送す
る体制を導入しました。2011 年度には地域交通活性化・再生総合事業費によ
る実証実験として実施した後、2012 年度から本格運行を始めています。

　珠洲市では、小中学校の統廃合に際し、保護者からスクールバス運行が前
提条件という意見が多く出され、小学校から 4km の徒歩圏外、中学校から
6km の徒歩・自転車通学圏外の児童生徒の通学手段確保のためスクールバス
を導入しました。

　2012 年度の珠洲市における児童数は、小学校 582 名、中学校 369 名でした
が、そのうちスクールバスの利用者数は、5 つの路線で次のようでした。

図2-1-3　珠洲市・スクールバス　市営バス三崎線
出所：珠洲市。

① みさき小学校（小泊コース）　24名。
② みさき小学校（本コース）　25名。
③ 直小学校・緑が丘中学校　15名（小9名、中6名）。
④ 若山小学校・緑が丘中学校　21名（小12名、中9名）。
⑤ 宝立小中学校　4名（小2名、中2名）。

　便数は、小学校は通学時間1便、帰宅時間2便です。
　中学では部活があるため、通学1便、帰宅3便となっています。珠洲市は中学の部活動を必修にしているため、学休期間も部活動のために、中学のスクールバスを運行させています。
　小学校のクラブ活動は任意のため、学休期間の運行はしていません。そのためクラブ活動のある児童は路線バスや親の送迎で通学しています。
　スクールバス以外の遠距離通学対応もあります。路線バスがあるところでは、定期代を補助する仕組みを設けています。

運行体制・運行委託

　地元の民間事業者に委託されています。すず交通とは、車両と運行の委託契約、めだか交通とは、市の自家用車 2 台を利用した運行委託を行っています。

　委託先は毎年の入札で決定しているため、業者の交替・運転手の変更が生じるという問題があります。入札を夏休み期間中に実施しているため、夏休み明けに運転手が変わってしまうということもありました。

　スクールバスは利用する生徒が決まっているので、運転手と生徒が顔なじみになり交流ができるというメリットがあります。また市の独自の取り組みとして、バス内に生徒名を記入したマグネットとボードを置いて、誰が乗ったかが把握できる仕組みを取り入れています。

利 用 状 況

　一般客の乗車料金は、運転手が徴収する体制になっています。

　2011 年 4 月〜2012 年 3 月で 296 日間運行し、1156 名が利用しました。1 便あたりの平均乗車人数は、3.9 名になります。

　一般乗客の輸送における収支（2011 年度）をみると、運賃収入が 38 万 9930 円に対して、運行費用は 77 万 7000 円で、収支率は 50.2％ となっています。

　市は赤字分 38 万 7070 円を補填しています。乗客 1 人 1 回あたり約 335 円が補填されていることになります。市の担当者の評価では、利用率が高く、収支率は 5 割あることで市の年間負担額も少ないということでした。

評 価 と 課 題

　スクールバスの空き時間活用自体は非常に貴重な試みです。一般乗客を乗せるという仕組みは大臣表彰の理由とされています。

　しかし、これだけでは路線バスから乗客を「奪う」ことも懸念されます。

　委託事業者が異なる定期路線バスとスクールバスとの競合問題の解消、域内公共交通の体系的編成は未完成といえます。区域全体でルート改変・統合や時刻表の再検討をする課題が残ります。

　金沢大学地域政策研究センターが、珠洲市及び珠洲総合病院の協力を得たアンケート（2013 年 11 月）では、通院手段の具体的要望で最も多かったのは、「バスの増便」でした。

　他にも介護タクシーの拡充、スクールバス利用拡大、通院費用の補助などがありました。これらは総じて通院手段の拡充策です。住民はいまだバスの現状には満足していなかったことを示しています。

　ただし、通院する人の大多数は自家用車です。バス利用者は少数派です。別に実施した調査では、自家用車所有世帯では公共交通をほとんど利用していませんでした。逆に、本人や家族がバスを日常的移動手段とする世帯をとると、88.6％ が買い物・通院目的であることが明らかになりました。

　バスについては 78.4％ が今後も運行すべきと回答しています。またスクールバスについては 61.9％ が今後も活用すべきと回答したことが注目されます。普段はバスを利用しない世帯も含めて、多数の住民が路線バスの継続やスクールバス活用に理解を示しています。

　検討すべき交通政策の基本方向は明らかです。時間帯や路線、効率的な運行、スクールバス利用などの具体的な再編が、住民の声に応えることになるはずです。

3　市営事業と民間バス事業の競合問題への取り組み：函館市

市 の 概 要

　函館市は、渡島半島の南東地域の先端に位置し、人口は 25 万 3484 人（2020 年 5 月末）の大きな観光都市です。中核市として北海道第 3 位の人口を有しています。

　しかし、2004 年の 4 町村編入合併後で 29 万 9522 人（2004 年末）あった人口は大幅に減少し、2014 年 4 月には過疎地域に指定されています。高齢化率は 35.5％（2020 年 5 月末）で、全国平均より高くなっています。市の面積は合併により 677.86km^2 となっています。

市電と民間バスの競合

　函館市では、2003年に市営バスを民間の函館バスに移管しています。これは、民間バスとの路線間の競合を解消するためでした。

　しかし市電の運行は継続しており、その路線は民間路線バスと競合しているという問題は残りました。

　函館の市電は、主な施設を結ぶ主要幹線道路を走行し、6分間隔で運行するため、とくに沿線住民にとっては利便性の高い公共交通でした。しかし市人口の減少に伴い、市電沿線人口は、1990年9万4732人から2010年には6万8177人へと大幅に減少しました。他方で、路線バスの1日当たりの利用者も、1990年3万203人から2010年には1万608人と3分の1にまで大幅に落ち込みました。

　市電は地形上の理由もあって、函館駅前から放射線状に伸びる道路を中心に走行していますが、民間の函館バス路線も同様のルートを運行しています。沿線人口減少に伴う利用者減少にもかかわらず、市電と民間バスが競合し、乗客を奪い合うという問題が生じていました。

　加えて、多くのバス路線は、市の補助金によって維持されているという状況があります。市電とバスの間の調整は、放置できない課題でした。

市電と函館バスとのリンクと残された課題

　そこで対策の1つとして、市電と函館バスの「リンク」が進められました。

　具体的には、共通の磁気カード導入、共通1日乗車券発行、乗り継ぎ割引乗車券です。これらの政策は、市電と路線バスを乗り継ぐ利用者にとっては、利便性向上や運賃負担軽減という意義がありました。

　市には、時刻表の見直し、ゾーン毎の路線再編、各拠点停留所にシャトルバスを走らせてフィーダー系統に対応させるという構想があったようですが、実現していません。したがって、路線間の競合の解消は実現しませんでした。

　筆者は、この競合問題は、市電を手放す民営化、民間任せでは解決しないと考えています。民間事業の経営の論理では、運行路線の取捨選択、すなわち儲かる路線の重視が優先されかねません。区域全体の公共交通網の確保は

図2-1-4　函館市・市電　530号車

出所：函館市。

軽視されることになります。

　現行法制度の制約の下でも、民間事業者との協議により、函館市が市電を保有している強みを活かしたバス路線の再編を実現するさらなる「リンク」が求められています。

4　公共交通サービスを広域で体系化：高山市

市 の 概 観

　高山市は2005年に近隣9町村と合併して国内最大の市となりました。その面積は2177.61km^{2}で東京都2193.96km^{2}と同規模です。ただし、広大な山間地を抱えているため、可住地は、市域の12.3%にすぎません。

　人口は、9万6999人（2005年末）から8万7018人（2020年6月1日）へ減少しています。高齢化率は31.9%（2018年4月1日）で，全国平均を上回っています。

合併後の公共交通の課題

2005年合併後の高山市は、集落が点在する広い地域全体を公平にカバーする公共交通体系の構築が課題となりました。

2006年度より7地区で「地域福祉バス」が運行されました。シルバー人材センターおよびスクールバス運転手に委託して実施されていました。しかし、いくつかの問題がありました。

第1に、地域間のサービス格差です。

丹生川の地域内バスは300円、高山地区は100円、住基カードや保険証の提示等によって無料で利用できる地域もありました。市域全体に関する交通体系や料金体系に統一性がありませんでした。

第2に、コミュニティバスと幹線を走る民間路線バスとの連携、乗り継ぎの便が悪いという問題がありました。また両者の路線が重複するところもありました。

第3に、高校、総合病院、開業医が中心部や旧高山市にしかないことです。

通学は民間路線バスに依存し、1時間以上かかる地域やバスで通学できない地域も存在しました。総合病院は高山地区内の2病院のみで、他地区では診療所しかありません。最も遠い地区から総合病院までは車で1時間半、バスで2時間という状況に置かれています。

公共交通に関する別の要因としては、高山市の観光振興が挙げられます。

中心部内の移動や、周辺の白川郷や乗鞍・上高地を結ぶ観光ルートを確保するというニーズがありました。

交通体系の整備

2011年度より、3つの柱からなる新たな公共交通が体系化されました。

第1に、中心部と周辺地域を結ぶ幹線の路線バスは、民間事業者（濃飛バス）が運行する。

第2に、地域バス「のらマイカー」が、旧市町村内の移動を確保する。山間地の点在集落ではワゴン車でデマンド交通を実施する。

第3に、市中心部で「まちなみバス」および「さるぼぼバス」が公共施設

や観光施設を巡回する。

運賃

運賃については、市民乗車パスを発行し、体系化されました。

地域バス「のらマイカー」は一律100円になりました。幹線バスの利用では、市民乗車パスを提示すると地域内（旧市町村）での移動であれば100円で利用できるようになりました。さらに、地域を跨ぐ場合は1乗車上限1050円で利用できるようになりました。

評　価

2年間の実証運行の段階で、1便あたりの利用者数が増加する成果がありました。利用し易い体系化と運賃統一と値下げが有効に機能して、住民の移動ニーズに応える体系化となったといえます。

高山市による体系化の成功の要因は、自治体による主導と民間事業者1社（濃飛バス）による市全域の統一的運行にあると考えます。

市は、幹線のバスと「のらマイカー」を単一の事業者に委託しました。この濃飛バスへの一括委託に当たっては、これまでの地域のコミュニティバス車輌を濃飛バスに譲渡し、ドライバーも解雇しています。かなり強引なやり方ですが、それが利便性改善につながりました。たとえば、バスの運転手どうしが無線で連絡をとり、乗り継ぎ時間を調整しています。

NPOや住民主体が強調される中で軽視されがちなのは、地元の路線バス事業者やタクシー会社との協力です。高山市が幹線の路線バスと地域のコミュニティバスを、民間事業者1社に委託した方式と市民パスの発行は、市域全体の公共交通サービスの利便性に貢献したといえます。

「のらマイカー」の委託料は、約2.5億円で、料金収入は1600万円程度となっています。「赤字分」の約2.4億円に対しては、国の補助（補助率3分の1）や、県の補助（4分の1、過疎・辺地は3分の1）があります。この補助金額を差し引いた額の8割は、特別交付税措置されます。したがって、市の実質的な負担は、2000万円程度と考えられます。

図2-1-5　高山市・幹線の路線バス
　　　　　濃飛バス

出所：高山市。

図2-1-6　高山市・中心市街地バス
　　　　　まちなみバス

出所：高山市。

図2-1-7　高山市・地域バス　のらマイカー

出所：高山市。

課　　題

　100円の「のらマイカー」には、「空っぽのバスが走っている」という声もあるようです。

　また濃飛バスの経営を見ると、広域の観光ルートは黒字であると言われています。地元の民間バス会社の経営には大きな問題がないことを示しています。市は100円バス以外の路線に対して赤字補てんを行わずに済んでいます。これが高山市のバス事業を支えている面が否めません。

　したがって、観光客のバス利用があまり期待できないような地域では、高山市のような公共交通サービスの体系化は自治体の負担が大きくなるかもしれません。

第2章　自家用有償旅客運送の活用

1　佐　井　村

　青森県佐井村は、2006年に道路運送法改正による登録制度以前から、過疎地における有償運送に積極的に取り組んできました（2006年改正による自家用有償旅客運送については第3部・第4章を参照ください）。

村　の　概　要

　下北半島の西側に位置し、津軽海峡に沿って南北に細長い地形です。北部は大間町、東部・南部はむつ市に、それぞれ境を接しています。人口は1930人（2020年6月末）で、2000年の3010人（国勢調査）から大きく減少しています。面積は135.03km^{2}です。

　佐井村は公共交通の整備を制約する次のような特徴があります。

　第1に、人口が少ないだけでなく、集落が域内に点在しています。

　第2に、地形の特徴です。平坦地が少なく、ほとんどが山地です。集落は域内に点在し、海岸線に沿って7地区、山間部に1地区あります。南は、山が海岸線まで迫り、断崖となっているため、曲がりくねった山道を上下して地区にアクセスする必要があります。

　これら2つの特徴は、住民の生活の足が、自家用車に依存せざるをえない要因となっています。したがって、免許を持たない人や高齢者などは、通学、通院、買い物のための外出を制約されています。

　村の診療所は2008年に廃止されたため、通院は隣接自治体へ移動する必要があります。

　公共交通の幹線となる路線バスは、1日8便ありますが、村の長後地区より大間町を経てむつ市に至るという、2時間強の長いルートを走っているも

のです。利用者はきわめて少なく、「1 人しか乗っていない」時間帯もあるとのことです。また南部の福浦、牛滝という 2 地区には路線バスがありません。役場所在地の佐井地区は北部に位置し、最南端の牛滝までは役場から自動車で山道を 1 時間近くかかるため、タクシーは呼ばれても迎えに行くのを嫌がるそうです。

　佐井村が支出している公共交通サービスには、青森への高速艇（1 日 2 便）の運行補助をはじめとして、民間事業者（下北交通）への委託や補助金（通院バス、生活交通路線維持費補助）、スクールバスなどがあります。以下では、佐井村の社会福祉協議会が運営主体である過疎地有償運送（交通空白地有償運送）について紹介します。

有償運送導入の経緯

　2005 年度に青森県の「生活交通ユニバーサルサービス構築モデル事業」の指定を受け、2 分の 1 の補助を得て、「佐井村新交通システム運営協議会」が設置されています。

　定時定路線のコミュニティバスで全域をカバーするのは経費が高くなる一方、利用者が多くは見込めないとの認識から予約制の有償運送が選択されることになりました。導入以前より、親戚や知り合いに乗せてもらう「自家用車送迎」があり、警察から「白タク行為」という指摘、注意があったという事情もあったようです。

　議論には、下北交通と地元のタクシーの 2 社も参加していましたが、有償運送導入によって、乗客が奪われるといった抵抗・批判などはなかったといいます。

　このような経緯から、2005 年 11 月にはボランティアの運転協力者が所有する自家用車で実証実験を実施し、2006 年度から本格運行に至りました。

運　行　主　体

佐井村社会福祉協議会が運行主体となっています。

運行形態の概要

ドアツードア方式

佐井村を発着地とすれば、行き先は隣接市町村に限らず「全国どこへでも行く」とのことです。実際まれに青森市など遠隔地へ行く例があったそうです。

出発地の限定

他の地域でも見られますが、出発地は基本的に佐井村に限定されています。そのため、大間病院からの帰り（片道のみ）には利用できませんでした。病院での診療時間が長かった場合大変不合理なルールです。その後、病院の場合は利用が認められるように改善されました。

利用目的は自由

通院に限らず、買い物、バス停までの送迎等、目的を問わないことで利用し易くなっています。娯楽も含めた外出支援サービスが重要との考えです。

会員登録

会員登録が必要です。登録の内訳は過疎地有償が約8割、福祉有償が約2割となっています。乗降にあたって手助けをしなければならない利用者は、福祉有償運送の登録としています。

予約

予約業務は社会福祉協議会職員が行っています。前日15時までに予約が必要です。予約が入ると、まず一般の運転協力者に連絡し、もし確保できなければ社会福祉協議会の職員が運転手となります。運転者を決めた後で、利用者に誰が迎えに行くかを連絡します。当日朝に、運転者を点呼し、アルコール検知なども行います。

運賃

運賃はゾーン制で、タクシー料金の半額程度、またバス料金より高くなるように設定されています。村内8および村外13のゾーンが設定され、ゾーン間の運賃を定めています。

乗客1人が利用する場合、同一ゾーン内の400円から最も高額のゾーン間の1万600円（長後－弘前）までが設定されています。2人以上で利用する場合の割安な料金も、4人までそれぞれ設定されています。人工透析が必要な人、車いすの人などの料金は半額です。

運転者は利用者から、直接料金を受け取ります。以前は、この料金がそのまま運転者の報酬となるやり方でしたが、いまは社会福祉協議会に集めて、後日まとめて運転者の口座に振り込む方式に変えられました。社会福祉協議会が5%の手数料をとっています。

車両

社会福祉協議会の所有する車両6台が活用されています。普通車3台（うち軽自動車2台）、ストレッチャー付車椅子車2台、車椅子軽自動車1台ですが、それ以外に一般協力者の車両が4台（普通2台、軽2台）あります。村の人口からみて、この台数で運行可能となっています。

運転手

社会福祉協議会職員と一般協力者がいます。スケジュール管理はしていません。その都度、都合のつく協力者にお願いをする形になっています。

当初10人の一般協力者を確保できました。小遣い稼ぎになるという期待があったようです。しかし2006年の登録制度によって、使える車両が規制され、税金の低い「軽貨物」では送迎できなくなりました。協力者は「軽乗用車」を所有している人に限られてしまったため、運転手は10名から4名に減少しました（表2-2-1）。そのぶん社会福祉協議会職員の負担が増えたことになります。2006年道路運送法改正のマイナス面ではないかと思います。運転協力者になるためには2種免許もしくはそれに準ずる資格が必要なことか

図2-2-1　佐井村・自家用有償旅客運送　車両
出所：筆者撮影。

表2-2-1　佐井村・運転協力者数（年度推移）

	2006	2007	2008	2009	2010	2011	2012
一般協力者	10	4	4	2	4	4	4
社協職員	9	15	14	10	9	9	10
合　　計	19	19	18	12	13	13	14

ら、下北自動車学校の協力で「過疎地有償運送運転免許取得者教育」を実施し、障がい者等の利用も考えられることから、福祉有償運送運転協力者講習会も実施しています。

利用状況

　現状では、大間病院とむつ病院へ向かう利用が一番多くなっています。

　高齢者が増加している一方で、亡くなる人もおり登録会員数はやや減少傾向で、それとともに、年間利用者数も減少傾向にあります（表2-2-2および表2-2-3）。

表2-2-2　佐井村・利用登録会員数（年度推移）

	2006	2007	2008	2009	2010	2011	2012
過疎地輸送	468	436	409	412	414	415	426
福 祉 輸 送	118	118	118	120	126	133	140
合　　　計	586	554	527	532	540	548	566

表2-2-3　佐井村・年度別利用状況（年度推移）

		2006	2007	2008	2009	2010	2011
医療機関利用	過疎地輸送	685	613	452	292	327	320
	福 祉 輸 送	1,705	2,466	1,809	2,054	1,763	1,748
日常生活利用	過疎地輸送	280	97	105	109	124	75
	福 祉 輸 送	0	3	14	23	45	31
	年 度 合 計	2,670	3,179	2,380	2,478	2,259	2,174

注：往復利用されない場合があるので、「片道」でカウントしています。

表2-2-4　佐井村・収支内訳・総事業費（年度推移）
（単位：千円）

		2006	2007	2009	2012
収　　入	運営費補助	252	691	2,300	2,689
	利　用　料	217	212	373	808
支　　出	人　件　費	0	0	2,080	2,210
	事　務　費	252	691	220	612
	燃　料　費	217	130	182	242
総事業費		469	821	2,513	4,230

注1：提供していただいた資料のデータは掲載した4カ年のみです。
注2：2006年度・2007年度の人件費はすべて社会福祉協議会職員の兼務のため0円。
注3：総事業費は支出内訳合計と合致しない場合があるが、提供資料では詳細が不明です。

収　　支

人件費では、一般協力者の運転手への支払いが、年額221万円（4人合計、2012年度）程度となっています（表2-2-4）。社会福祉協議会の職員の場合

は、運転手としての手当は支払われていません。運送は職員としての仕事と位置づけられています。

　燃料費については、一般協力者の場合は自前であり、料金収入以外の補助はありません。登録に必要な講習に関する実費は社会福祉協議会が支払っています。

　社会福祉協議会所有の車両については、社会福祉協議会本来の業務との区別は困難なこともあり、有償運送にかかる燃料費計算には入れていません。

　収入については、利用者が支払う運賃以外に、運営経費を村が負担しています。負担額は、2006 年度 25 万 2000 円、2007 年度 69 万 1000 円でしたが、利用者減少にもかかわらず 2012 年度は 268 万 9000 円と増加しています（表 2 - 2 - 4）。

評 価 と 課 題

　佐井村の有償運送は、民間の路線バスと、村営通院バスを補完する、多目的で比較的安価な移動サービスを提供する貴重な試みと評価できます。

　導入後の住民評価では、病院への送迎は家族や親戚、知り合いでも、遠慮して頼みにくかったが、有償運送はその心配がない、料金がはっきりしていて良い、などの声が寄せられています。

　導入以前の公共交通は、路線バスとタクシーしかありませんでした。タクシーでさえ行きたがらないような地区にも、タクシーの半額で利用できる有償運送は、予約の手間があるとはいえ、貴重な住民の足となっています。

　しかし、やはり課題もあります。

　自治体の支援はあるものの、社会福祉協議会とボランティアに依存していることです。予約の管理（受付、運転手確保、財務など）に手間がかかっています。佐井村の場合、社会福祉協議会の職員、とくに事務長さんが熱心に取り組まれています。

　しかし、社会福祉協議会もボランティアも交通事業者ではありません。

　佐井村には存在する人材、自治体やタクシー事業者の理解などの有利な条件がない自治体では、有償運送を立ち上げることは大変は作業となります。

とくに佐井村のように登録さえすれば、介助が必要な人の福祉有償に限定せず、誰でも利用できる過疎地有償（交通空白地有償）の導入は難しくなります。自治体が導入したくても、手を挙げてくれるNPOが存在しなければ成立しません。

　そこで運営に社会福祉協議会の参加を促すことがひとつの解決策になります。社会福祉協議会は車両を持っているという好条件もあります。ただし負担をあえて担おうという社会福祉協議会職員の協力がない場合は、スムーズな運営はできないことになります。自治体としては運営に知恵を絞り、地域の担い手と継続的に話し合いの場を設け、日頃から連携を密にする必要があるといえます。

　住民や地域の組織が主体となる有償運送は、継続性に課題があります。主要な担い手が年齢その他の事情で引退すると事業がうまくいかなくなることが起こります。一般協力者の運転手確保は独自の課題といえます。

　また別の問題としてヒアリングで指摘されたのは、便利な「半額のタクシー」の存在が、買い物に利用されると、地元の商店で買い物しなくなるという問題です。皮肉な結果といえますが、公共交通の整備体系化と地域活性化・まちづくりとを総合的に考えることが課題といえます。

2　知　内　町

　社会福祉協議会による福祉有償運送の事例をもう1つ紹介します。

町　の　概　要

　北海道知内町は、渡島半島南端に位置し津軽海峡に面しています。函館市からは、自動車で約1時間です。JR海峡線では函館駅から木古内駅まで特急38分、木古内から路線バスに乗り約17分で町民センター前につきます。2016年3月開通した北海道新幹線の新函館北斗駅からは木古内駅までバスで約13分でアクセスできるようになりました。

　1988年の松前線廃止以後は、町に鉄道駅はなく路線バスのみとなっていま

す。町内にはタクシー会社もありません。

　医療機関は、個人医院1つ、診療所2箇所（2週に1回の診療）しかなく、木古内町への通院が一般的です。

　人口は4214人（2019年6月末）で、高齢化率は38.6%（2019年1月1日）、面積は196.75km^{2}です。

有償運送導入の経緯

　2000年の介護保険制度開始から、町が社会福祉協議会に対して、移動支援を委託するようになりました。2005年には、町が福祉有償運送等運営協議会設置条例を定め、社会福祉協議会に有償運送を委託することになり、年間400万円の補助を行うようになりました。

　当初、福祉有償では、一般の高齢者が対象にならないことから、過疎地有償運送としてスタートさせましたが、2013年には、登録者に一般高齢者がいなくなったことから、福祉有償に変更されています。

運行形態の概要

運転手

　社会福祉協議会職員が4割、ヘルパー登録した人が6割の比率で運行されています。2000年には、町の助成を受けて127人の町民が2級ヘルパー資格を取得し、2005年4月にはヘルパー登録者が162人いましたが、高齢化により運転手の担い手は減少し2015年4月には90人になっています。

車両

　社会福祉協議会保有が5台、ヘルパー車14台で運行。

運賃

　町内200円、函館市まで800円などに設定されています（表2−2−5）。2013年度からは複数乗車料金制度が導入されています。

表2-2-5　知内町・料金表（介護保険・障害者自立支援法の対象者）

	町　　内	木古内町	函館市・北杜市	福島町
単独	200	200	800	300
複数乗車の1人分	150	150	600	200

表2-2-6　知内町・走行距離と
利用回数

	距離	回数
2011年度	32,742.1km	3,122回
2012年度	30,112.5km	2,944回
2013年度	28,028.3km	2,693回
2014年度	25,674.1km	2,392回

利 用 状 況

　利用状況は、2011年度の3122回から2014年度2392回にかなり減少し、距離も減少しています（表2-2-6）。理由は、外出支援の対象となる高齢者が減少したためです。高齢者施設の増床等により入所者が増えたことと、以前は施設に心理的な抵抗があったが、入ったら安心へと変化して通院のニーズが減った結果と考えられています。

収 　 支

　社会福祉協議会はヘルパーに対して、運転時間30分で610円、および車借り上げ料と燃料費（1km当たり合計50円）を支払います（表2-2-7）。また「受診・注射等措置時間」のヘルパー賃金は「社会福祉協議会単費」から支給されています（表2-2-8）。

　運賃収入58万3800円に対して経費は642万5000円（2013年度実績）で、収支率は約9%となっています。

　ヘルパー支払い分から運賃収入を差し引いた赤字分は、知内町の「外出支援委託金」からの収入で埋められています。

　町は、有償運送の管理事務についても、社会福祉協議会の専任職員3人分の「給与の2割」を支援しています。これは、3人の仕事の2割を移送関連業務と想定しているためです。加えて、移送関連の人件費（運行計画、記録、名簿管理等で3人分給与の1割）と、事務費（コピー、電話等）も積算根拠に入っています（表2-2-7）。

　積算根拠からみると町からの補助金は比較的充実しています。ただし、年

表 2-2-7　知内町・2015 年度外出支援経費積算根拠（事業費）

区分	積算根拠	1 回当たり費用
ヘルパー賃金	1 回当たり送迎所要時間・片道 30 分 610 円	610
ヘルパー車両借り上げ料	1km 当たり 30 円×平均 9.1km＝273 円	273
ヘルパー車両燃料費	1km 当たり 20 円×平均 9.1km＝182 円	182
社協車利用燃料費	300,000 円	834
社協車車検料・修理代	93,000 円（1 台分）	
社協車自賠責	6,000 円（1 台分）	
社協車任意保険	152,000 円（5 台分）	
移送サービス保険	200,000 円	
ヘルパー任意保険助成	250,000 円	
専任職員給与	3 人分 11,076,000 円×0.2/1200 回	1,846
人件費	1,107,600 円（運行計画、記録、名簿管理等）	435
事務費	200,000 円（コピー、電話等）	
計		4,180

表 2-2-8　知内町・有償運送と介護報酬の関係

	介護報酬時間	社 協 負 担	知内町の補助
自宅更衣等から乗車まで	○		
運転時間		○	○
受診・注射等措置時間		○	
病院での受付・トイレ介助・薬受領等	○		
運転時間		○	○
降車から自宅まで	○		

間 400 万円の上限が設定されているため、全体経費から委託金と利用収入を差し引いた、社会福祉協議会の負担分が 182 万 5000 円（2015 年度）にのぼっています。すなわち、有償運送は、社会福祉協議会の「持ち出し」で支えられている訳です。

評 価 と 課 題

　有償運送は、定期路線バスや民間タクシーの「隙間」をうめる公共交通サービスとして機能しています。町から社会福祉協議会の有償運送事業への補助

をみると、積算根拠に配慮はありますが、上限額が設定されているため、社会福祉協議会の「持ち出し」があります。

　社会福祉協議会は、この積算の単価の安さを改善するように町に要望しています。ヒアリングでは町内には、介護分野に民間業者も参入してきて、経営として「おいしいところ」のみに関与しているとの不満も聞きました。高齢者や障がい者の移動を担うという仕事の重要性から、自治体による社会福祉協議会への財政支援をさらに充実させることが必要であると思います。

　また佐井村と比較すると、過疎地有償運送が福祉有償運送に変更された点も気になります。元気な高齢者の外出支援という課題が残ってしまいました。

　利用者が減少している一方で、運転者の確保が厳しくなっているという状況もあります。

　自治体は、福祉有償運送について補助金交付して支えています。しかし自治体に求められるのは、さらに踏み込んで有償運送を再検討し、路線バスがカバーできない地域の移動手段と位置づけ、人材の確保、車両購入などにも積極的に関与する必要があると思います。公共交通を担う地域組織への多様で充実した支援、有償運送やスクールバス、タクシーを含めた総合的・長期的な取り組みが課題となります。

3　積　丹　町

町　の　概　要

　積丹町は、北海道の西海岸にある積丹半島の先端を占めています。面積は238.21km^2 で半島総面積の約4分の1にあたります。

　札幌から積丹町へのアクセスは、高速バス（高速しゃこたん号、北海道中央バス）で約2時間です（小樽経由）。積丹町の中心部で役場・診療所・介護施設などがある美国地区から、半島先端部へは路線バスでさらに50分を要します。

　人口は1972人（2020年1月末）、高齢化率は47.0%（2019年1月1日）で、北海道内の市町村では6番目に高い比率になっています。

　半島の先端に位置する積丹町は、公共交通を制約する次のような特徴があります。

　第１に、長い海岸線（42km）に沿って集落が点在していることです。

　第２に、町内のタクシーは１事業者のみで、車両１台で営業しています。

　このような条件から、自家用車に依存せざるをえない地域となっています。また町には診療所しかなく、大きな病院のある隣接自治体への移動が必要になります。

路 線 バ ス

　町役場のある美国地区から、小樽方面へ１日 14 便の運行があります。美国地区の始発は、6:04（小樽着 7:24）で、美国着の最終は 21:10（小樽発 19:50）となっていて、通勤通学には使えます。先端部の余別地区の始発は 6:33（小樽着 8:43）であり、通院などに利用できますが、帰りの最終便は、小樽発 16:50（余別着 19:03）しかありません。

スクールバス

　運転手は町の職員、車両は町所有のもので運行されています。通学事情をみると、町内の「地域格差」とも言える地区ごとの条件の顕著な差異がみられます。

　小学校は４校（美国、日司、野塚、余別）ですが、生徒数でみると大半は、美国地区に集中していて、他の３地区ではいずれ廃校といわれています。中学校は１校です。

　積丹町には高等学校がありません、美国地区の住民は定期路線バスで、小樽市内の高等学校への通学が可能です。

　現状のままでは積丹町の半島先端部の住民の子育て環境は好転する展望はなく、自家用車に依存せざるをえない状況です。

福祉有償運送導入の経緯

道路運送法の2006年改正以前から取り組まれていました。

まず2000年4月の介護保険スタートにともなって、訪問介護サービスに関わる病院などへの移送サービスが開始されました。利用者負担は無料で、当初は、ホームヘルパーが運転手をしていました。

その後、身体介護の必要から、運転手を別に配置し、2名体制とし、利用者負担は無料のままでした。

有償運送の登録制度とともに、導入の検討を始め、北海道運輸局との協議、社会福祉協議会での説明などが行われました。その経緯の中で、福祉車両以外にセダン車両を利用することについて構造改革特区を申請するとともに、福祉有償運送運営協議会設置要綱が作成されました。このような経過を経て、社会福祉協議会が運行主体となった福祉有償輸送が2006年4月より開始されています。

運行形態の概要

登録会員数は30人（2014年1月末現在）、対応数（利用回数）は、980回（2012年度）でした。

車両数は2台、福祉車両1台、ライトバン（貨物）1台です。

専従の運転手3名と、社会福祉協議会の職員3名の体制が取られています。利用に当たっては、介助が必要なため、必ず2名体制で対応することになっているのが、積丹町の特徴といえます。

利用目的については、病院以外の外出支援も可能です。ただし実際にはそのような目的の利用はほとんどないとのことです。

利用時間は、9:00〜17:00までになっています。

予約制ではなくスケジュール調整で運行しています。利用者と受診先の主治医が連携し、次の診察のスケジュールを見越し調整するという運用方法で行われています。この方法は、利用の柔軟性にかける面もありますが、運営側は計画が立てやすいというメリットがあります。スケジュール調整しても、対応が難しい場合には近隣の有償運送事業者にお願いするという広域的な連

携が実施されています。

　料金は10分200円で計算されています。利用者宅から病院までの移動時間分が支払われます。したがって、利用者の居住地が遠距離でも、出発地（社会福祉協議会所在地）から利用者宅までの移動は無料になっています。

利用者の評価

　不便な路線バス、高齢者の増加、地域のつきあいの希薄化などの条件から、福祉有償運送は、利用者だけでなく町内に居住していない家族などから、なくてはならないサービスであると評価され、「熱い支持」を受けていると聞きました。

　また病院受診の結果は、ケアマネなどの関係機関や、家族に正確に伝えるよう、常に連携を保つことが意識されているなど、社会福祉協議会ならではの輸送サービスと言えます。また、病院受診の負担軽減だけでなく、介助員とのコミュニケーション、外出によるリフレッシュなどにつながっているとも言われています。

　社会福祉協議会としては、1人では医療機関への通院などが不可能な高齢者や障がいを持つ人にとって、福祉有償運送は必要不可欠と位置づけ、取り組んでいます。

課　　題

　社会福祉協議会は、本来、公共交通事業者ではありません。しかし、町内唯一の介護サービス事業所として、訪問事業と並行して、移送サービスは実施しなければならないとの使命感から取り組まれています。自治体や公共交通機関が自らの責任により直接担うべきサービスを「代行」しているともいえます。

　大きな課題としては、登録車が、社会福祉協議会の他の業務を兼担しているため、他の業務との兼ね合いを考慮しなければならない点があります。

　車両の稼働時間は送迎だけでなく、病院に滞在している時間があります。そのために1日に対応できるのは、最大4回程度となっています。そこで職員

図 2 − 2 − 2　積丹町・自家用有償旅客運送　車両
出所：筆者撮影。

は、予約制ではないにもかかわらず、人員の配置について、何度も連絡をとって調整する場合があるようです。

社会福祉協議会が指摘する具体的な課題は以下の 4 点です。

①　移動距離の延長に対応できないこと。

②　人員の不足。

③　車両の不足。

④　収入の問題。とくに収入にならない移動距離が長いこと、単価が 10 分 200 円という低い設定であること。

以上を解決するには、福祉有償運送の必要性を積丹町に訴え、協議を行って補助を増加させていくしかありません。

町としては、補助金を出し、社会福祉協議会に委託して済ますだけではなく、他の移動手段を含めて、住民の足を確保する体系的な計画をつくり、より積極的な関与が求められているといえます。

4　泊　　村

泊村は、利用者負担のきわめて低い、特徴的な過疎地（交通空白地）有償運送を実施しています。

村 の 概 要

　泊村は、積丹町と同じく北海道南西部の後志地域にあり、積丹半島の南西に位置しています。人口は 1594 人（2020 年 6 月末）で、2000 年 3 月末の 2139 人から約 25％ 減少しています。高齢化率は 39.3％ になっています（2019 年 1 月 1 日）。

　村内を縦走する国道 229 号に沿って点在する 5 つの集落から形成され、東西が 11.8km、南北が 14.6km と小規模の自治体です。面積は 82.35km^2 で、積丹町の 3 分の 1 しかありません。さらに地目別面積をみると、山林 70.57％、原野 6.00％ で、可住地は狭くなっています。交通のアクセスは、車で札幌から小樽を経由し、約 2 時間の地域です。

半島振興と過疎地域

　泊村は半島振興対策の対象市町村ですが、法律が定める「過疎地域」には該当しません。

　半島は地理的な基準であるのに対して、過疎地域は、「過疎地域自立促進特別措置法の一部を改正する法律」において次のように定義されています。

　「人口の著しい減少に伴って地域社会における活力が低下し、生産機能及び生活環境の整備等が他の地域に比較して低位にある地域」。具体的には、法律で定める特定の期間の「人口要件」と「財政力要件」の 2 つの要件に該当する市町村の区域です。

　泊村は、北海道電力の泊原子力発電所が立地しているため、財政力の面から「過疎地域」に該当していません。

運行形態の概要

　村の社会福祉協議会が運営の主体となって、2006 年に過疎地有償運送が開始されました。

　予約制ではありません。泊村地域包括支援センターから利用者の状況を聞いて対応しています。

　車両数は 2 台（福祉車両 1 台、ライトバン 1 台）です。

　運転手は有償運送の専従で社会福祉協議会の業務との兼任ではありません。専従という点で非常に充実した体制といえます。総数は5名で全員女性、そのうち4名が介護士の資格を取得しています。

　基本的に運転手1名体制で送迎しています。2名で送迎している積丹町とは異なります。

　2012年度の利用データでは、延べ人数369人、延べ利用数1746人となっています。

　1回（往復）の利用料金は1010円に設定されていますが、その9割は村からの補助があるため、利用者が支払う料金は、1割のみです。

　人件費、車両維持費用、燃料費など支出が、料金収入を上回った「赤字分」は、村が欠損補助を行っています。

評 価 と 課 題

　泊村の有償運送の特徴は一言でいえば、村からの手厚い補助です。

　この点は、他の市町村にも示唆的です。有償運送は、NPOや社会福祉協議会のボランティアや自主性（自己責任・自己犠牲）に依拠した代替交通のように誤解されていますが、自治体の補助金で支えられています。

　すなわち市町村が有償運送への補助金額や補助対象を充実させれば、運営主体の仕事は軽減され、利用者の利便性が高く公共交通サービスとして展開できる制度です。

　とはいえ、泊村の予算措置の基礎には、原発立地自治体としての財政の豊かさがあります。これによって運転手の充実した体制や安価な運賃が実現しています。これは有償運送が、村の財政に依存している状態ともいえるため、財政状況が悪化した場合には運行に影響が出ることが危惧されます。

　泊村には、地理的に有利な条件もあります。村域が比較的狭く、移動手段がカバーすべき距離もそれだけ短いという点です。また、村域が狭いだけでなく、総合病院などがある隣接する岩内町への距離も近くアクセスも良いという地理的条件に恵まれています。

　ただしこれらの好条件は、路線バスなどの公共交通のさらなる充実という

点からするとマイナスに働く面もあります。村の公共交通を体系的に整備す
るには隣接する自治体との協議も必要だからです。

第3章 住民組織が運営するバス

1 町会運営のバス：函館市陣川あさひ町会

陣川地区の概要

　函館市の陣川地区は、JR 函館駅から北東に約 9km のところにある住宅街で、市中心部から車で 15 分ほどの場所にあり、約 1000 世帯が住んでいます。地区内にはコンビニが 1 件あるだけで、比較的近くにショッピングセンターや病院は建ちましたが、地区を経由する路線バスのルート上ではありませんでした。

　1970 年代から「無指定地区」と呼ばれる都市計画区域外で宅地開発が始まり、1990 年ごろからさらに宅地開発が進んで、1997 年には陣川地区も市街化調整区域に編入されています。

　陣川地区には 1996 年から、函館バスが乗り入れていますが、函館駅などと結ぶ路線バスだけで小中学生らが通う学校を通過しないルートでした。ルートを変更して学校を経由すると駅へのアクセスが不便になるためだそうです。また学校までの距離が市の要綱が定める規定より短いため、教育委員会が運行するスクールバスも認められませんでした。熊が出没することもあり、4〜5km 先の地区外の学校まで、マイカーで送迎する必要がありました。

町会による通学バス

　そこで陣川あさひ町会は、独自に通学バス運営委員会を設置し、1996 年 12 月から市の補助なしで、小学生だけの通学バスの運行を始めました。2000 年からは中学生の登校便、2010 年からは下校便も運行するようになりました。

　当初は 1 ヶ月 5000 円の定期券でしたが、2006 年には小学生月額 3000 円、中学生 2700 円となりました。同年の契約人数は、小中学生合計で 356 人とか

なりの規模になっています。

　1999 年からは、教育委員会の補助金 50 万円が出ることとなり、2008 年 100 万円、2009 年 130 万円、2010 年 161 万 5000 円と次第に増額されていきました。2011 年には運行経費の 3 分の 1 補助となり、380 万円に増額されています。これは町会の取り組みが行政を動かした成果といえます。

町会バスの導入

　通学バスに加えて、2012 年 4 月から、町会が実施主体となり、函館バスに運行委託（貸し切り契約）したコミュニティバスの運行が開始されました。これにより中学の下校便をとりやめています。

　住民の要望を聞き、多くの商業施設を回るルートで循環路線（約 40 分）とされました。運行は、平日 7 便、土日祝日 3 便で、現金での利用はできず、利用券月額 2500 円と回数券 3000 円（15 枚綴り）が、コンビニ、車内などで販売されました。2013 年度は、「J-all バス」に改称し、通学バスも「J-kids」と改称されます。2013 年度は生徒と一般乗客が「混乗」する 4 便も運行されています。

　運営組織としては、2013 年 3 月に「通学バス運営委員会」は解散され、2013 年度から町会バスのための「バス運営委員会」が作られました。これは、町会バスが通学のみならず、住民全体のニーズに応えた結果といえます。

民間路線バスへの移行

　2015 年度からは、町会バスは、運行が町会から函館バスに変わり、民間事業者の路線バスとして運行されるようになりました。ある程度の乗客が見込めるルートとなったからです。通学バスの方は、町会が運行しています。

評 価 と 課 題

　陣川あさひ町会の取り組みについては、当初に市の補助金を受けなかった点が注目され、住民の主体性の現れであると評価されました。

　しかし、それは単純な見方です。

図2-3-1　函館市・陣川あさひ町会バス
注：町会が自主運行を行っていた際の写真。
出所：函館市。

　導入にあたって町会の関係者は「最初に市の補助金をもらって設計すると、駄目だったときにどうするか大変になる」と考えました。「市からの補助なしでスタートしたが、次第に補助が増え、運行経費の3分の1補助まできた」と、自治体からの補助金を積極的に評価していました。

　公共交通が不便な地域におけるサービス導入・維持は、運賃収入だけではそもそも困難であり、自治体による補助は不可欠です。「住民主体で頑張れ」というだけでは、自治体の責任放棄と言ってもよいでしょう。

　町会の主体性というのは、取り組み姿勢の問題です。補助金を受け取らないという点ではないことを教えられました。

　導入時に、「町会でバスを買うことも検討したが、自分たちでバス会社を作るのは無理であり、無理すると続かない」と冷静な判断がなされました。住民組織の主体性とは、このような継続性への熟慮にあり、公的補助金をもらわないということではありません。

住民主体の本当の意味

　住民主体を強調する意見では、事業者や行政任せにせず、住民がやる気になれば方策が見つかると言われたりします。しかし陣川あさひ町会の関係者は、民間事業者の役割について、次のように述べています。

　「町会の知恵だけでは独自運行はできなかった」、「行政と交通事業者が一緒になって検討できたことが大きな成果」、「法律上の問題やルートの考え方、停留所の設置などは、函館バスさんのノウハウ」。

　もともと、地元大手の民間事業者である函館バスに事業を委託し、良好な関係にあったことに大きな意味がありました。2015年度より、定期路線バスに移行して、町会としては「楽になった」との意見が聞かれました。町会のボランティア活動の負担が減ったからです。導入当初にコストだけを考えて、貸切バス会社などに委託しなくて、結果的には良かったといえます。

　陣川あさひ町会バスが示した取り組み姿勢とは、「やる気」の問題というより、事業を具体化する努力に知恵と労力を使う「やる気」と言えるかもしれません。

　公共交通の空白対策では、無償労働による相互扶助が奨励され、自治体の財政コストが強調されることが多くみられます。しかし、自治体による企画や財政面での積極的関与と民間バス事業者のノウハウ活用こそが、公共交通サービスの充実には不可欠であることを示しているといえます。

2　氷見市山間部のNPO法人による会員制バス

　氷見市では、民間事業者が撤退した地域で住民組織が、谷沿いにある集落を回り中心市街地に至るバスを運営しています。

市　の　概　要

　氷見市は、富山県西北部に位置し、能登半島の東側付け根部分にあります。面積は230.54km^{2}で、中心市街地を取り巻く山の谷沿いに集落が点在してい

ます。

　人口は 4 万 6205 人（2020 年 7 月 1 日）で、2010 年の 5 万 1726 人（国勢調査）から減少が続いています。高齢化率 36.0%（2015 年）と全国平均よりかなり高い水準です。

　2020 年度現在、市内の「NPO バス」は、3 法人により 4 路線が運行されています。以下では、特徴的な八代地区について紹介します。

八代地区における経緯

　八代地区は、民間バス路線廃止後に、まずスクールバスへの「混乗」で対応していました。しかし、これも生徒の減少によって廃止されてしまいました。

　そこで地元の足を守るため、NPO 法人「八代地域活性化推進協議会」が結成され、2005 年 10 月から、バスの運行を開始しました。

運 営 の 概 要

運営主体

　八代地区で、全世帯の同意を得て、新たに NPO 法人を設立しています。この NPO が運営主体となり過疎地（交通空白地）有償運送を実施しています。

運転手

元バス運転手の地元住民を常勤雇用しています。

車両

24 人乗りのバス車両購入費は、市から全額補助されています。

会費制度

年間費は、八代地区では居住地に応じて 5000 円〜2 万円となっています。同じく住民組織による運営を行っている碁石地区では、年会費 1000 円に加

図2-3-2　氷見市・会員制バス　ますがた（磯辺線）
注：八代地域と氷見市民病院、中心市街地及び JR 氷見駅を結ぶ。
出所：氷見市。

えて、100 円〜500 円の乗車料金制、または年間定期券で運行しています。い
ずれの地区も市から補助金があります。

評　　価

会員制バスとくに八代地区の年会費制度が、公共交通の再編成に示唆する
ものとしては次の3点が指摘できます。

第1に、収入が安定することです。

これにより年間の運行見通しが立てやすくなります。他の課金制度と比較
して固定費（人件費、事務費など）を賄いやすく、また運行で生じた予想外
の実際の費用も補いやすくなります。このような料金システムにより、収入
の安定化や不確実性の回避という正の効果が生み出されています。

第2に、住民が自ら支えているという意識が生まれることです。

民間事業者や自治体直営コミュニティバスと異なり、公共交通を「地域で
走らせている」、「地域で守ろう」という気持ちが出てくるからです。利用者の
意見がドライバーや運営主体に伝わりやすく常に改善が行われています。会

員制では利用者が具体的な運行の問題に「口を出しやすい」という点もあります。利用者の意見で、ルートや時刻が改善されたり、バス停が増設されたり、自由乗降も可能になっています。

第3に、ドライバーが常勤雇用できることです。

ドライバー確保はどの地域でも頭の痛い問題ですが、この会員制バスでは、常勤雇用で毎日のドライバーのやりくりが必要なく、運行計画策定が容易となり、本数、安全性、定時性が確保されています。

立ち上げ当初からドライバーの待遇面にはとくに配慮がなされました。月額10万程度では「長続きしない」との意見が出され、それを踏まえて賃金が決定されました。ドライバーを継続的に確保して運行本数、安全性、定時性を実現するためには「ボランティア精神」だけに期待することはできないと考えられたのです。

課　題

課題は2点あります。

第1に、住民組織による運行は、現在いる担い手に依存してしまうことです。

第2には、自治体が補助金以外に積極的に関わっていない点です。

地域の状況が変化したときに、支援できるような体制はありません。いい意味でも悪い意味でも住民任せです。この点は先に紹介した陣川あさひ町会バスと対照的です。

地域に存在する、熱心な担い手、運転手、住民のまとまりなどが、バス運行の前提になっていますが、このような前提条件が今後も継続するとは思えません。地元に協力してくれる元バス運転手がいたことは偶然です。今後、運転者の確保が安定する保証はありません。

またNPOのリーダーとして活動している人々も次第に高齢化し、後継世代の関わりが弱い状態が危惧されています。高齢化とともに、会員数減少で事業の収益悪化も予想されています。NPOは社会福祉協議会のような安定した組織ではないのです。

　他方で、市は、補助金を出している以外は、ほとんど関わっていません。

　NPO や地域住民組織がバスを運行しているのは、利用者減、収支悪化を理由に、民間事業者や市町村が撤退するような路線です。

　これらの点を考えると、住民主体の NPO や町会が運営するバスは、住民がやむにやまれず採用する「最後の手段」ではないでしょうか。

　やはり本来、地域の公共交通は、自治体と事業者が積極的、継続的に関与する形で運行されることが重要であると考えます。

第3部 法　制　度

第3部 法　制　度

　第3部では、自治体の取り組みを枠づけている国の法制度の問題を整理します。

　以下では、まず第1章で、長年指摘されてきた法制度の特徴と問題点を整理した上で、第2章で、国と自治体の「責務」を定めた 2013 年の交通政策基本法（以下、基本法）、第3章で、国と自治体等の「努力義務」を定めた地域公共交通の活性化及び再生に関する法律（以下、活性化法）、第4章で 2006 年の道路運送法改正で導入され、各地で活用されている自家用有償旅客運送（以下、有償運送）の制度を整理し、問題点を指摘したいと思います。

第1章　法制度の特徴と問題点

1　指摘される問題点

1−1　自治体の権限と財源：比較から見た日本の法制度

　従来から日本の公共交通に関する法制度については問題点が指摘されてきました。とくに諸外国と比較すると、自治体の権限が弱く責任があいまいであること、また特定の財源や租税特別措置がないことが挙げられます。

　自治体が民間の交通事業者に対して持つ権限は強くありません。各地の交通事業者は法令の制約を受け、国土交通省（地方運輸局・運輸支局）の指導に拘束されていますが、自治体が作成した交通計画には縛られているとはいえません。

　2019年末時点で539件の地域公共交通網形成計画が策定されています。これは交通事業者も参加する協議会を経ています。しかし、たとえば運賃、路線、時刻表、停留所を決定するような権限は自治体にはありません。

　これに対してたとえばフランスでは、自治体が域内の公共交通全体の運賃、路線、時刻表、停留所を決定しています。日本でも自治体が独自に運営するコミュニティバスなどを導入できます。しかし民間の路線バスは、それとは無関係に運行されています。

　自治体に権限が与えられていないのに、区域内の公共交通サービスを体系化する責任を負うことは困難です。ただし過疎地域の自治体で、域内にバス会社が1社、タクシー会社が1社という状況ならば、自治体が主導して公共交通を総合的に組織化することが可能かもしれません。実際、そのような状況の中でこそ、貴重な独自の取り組みをしている自治体は多いと思います。

　国土交通省は、たびたび自治体に対して「事業者任せ」であると批判してきました。また自治体が作成した交通計画が不充分である、域内の事業者間

の調整が足りない、さらには問題意識が低いといった指摘も繰り返してきました。しかしそもそも公共交通政策の権限配分を法律で定めているのは国です。国が動けば権限配分は変わるのです。

1-2　「事業者に任せっきり」という自治体への非難

交通政策審議会の「地域公共交通部会」は2014年1月公表の「地域公共交通の充実に向けた新たな制度的枠組みに関する基本的な考え方」で次のように書いています。

「ともすれば民間事業者の事業運営に任せきりであった従来の枠組みから脱却し、地域公共交通の活性化及び再生に関する法律に示された方向性をさらに強化すべきである」

「任せきり」とは「我が国の地域公共交通は基本的には企画から運行まで、民間事業者もしくは独立採算制の公営交通事業により実施されてきた」ことを指します。

任せきりから「脱却」するため「法律に示された方向性」とは、次の点に要約されます。

「地域の総合行政を担う地方公共団体が先頭に立って、交通事業者、住民・利用者、学識経験者をはじめとする地域の関係者が知恵を出し合い、合意の下で、『持続可能な公共交通ネットワーク』を構想し、その実現を図ることが重要である」

まず重要なのは、そもそも2007年の「活性化法」が「事業者に任せきり」から脱却する方向性をすでに示していたという点です。2014年1月の「基本的な考え方」は、既存の方向性を「さらに強化すべきである」と述べているのです。

同部会は、2020年1月の「中間とりまとめ」でも次のような現状認識を繰り返しています。

「民間事業者が採算をとって公共交通を担うという構造が難しくなってきている中で、地方公共団体が中心となって、公共交通事業者等の地域の多様な関係者が連携・協働して、地域の実情に応じた創意工夫や努力を前提に、地

域公共交通を確保・維持していく体制が求められている」

　2007 年および 2014 年時点での指摘が、2020 年にも繰り返されていると言わざるをえません。

　活性化法は 2014 年に改正されています。これは 2013 年の基本法の成立を受けた改正でした。2007 年から同じ現状認識が 10 年以上も語られ続けているのは、基本法や活性化法を中心とした現行法制度の不充分さを示しているのではないでしょうか。

　「自治体が中心に」とい言いながら、権限と財源が与えられていないことが最大の問題です。国は、法制度は整備しました、自主的に活用しなさいと言うだけです。

　ただし国土交通省は、地域公共交通政策のノウハウについて自治体支援を行っています。

　しかしその内容は、ハンドブックやガイドブックの作成や、研修会だけです。法制度について自治体職員が正しく理解するように勉強しなさい、という支援です。しかしこれは情報提供に過ぎません。

合意形成のための枠組作り

　国土交通省は、地域における合意形成のための枠組作りにも熱心です。しかし、国土交通省が制度化してきた「交通会議」「法定協議会」といった協議体制は、交通の経営組織ではありません。あくまで、関係者の話し合いの場です。自治体は一部の運行サービスを除いて、地域公共交通を経営する権限はありません。しかし、国土交通省は合意を形成して、地域全体の公共交通サービスを体系化せよと指導するだけです。

　事業者が少ない過疎地域や、小さな自治体では、「話し合い」は、比較的よく機能する可能性は高くなります。関係者が限定され、日常的に交流しているからです。

　バスもタクシーも不便な地域では、自治体が課題を重く受け止め、関係者と課題を共有し、皆が知恵を出し合うという土壌があります。しかし、自治体の権限が現状のままでは、複数の事業者が競合している大都市では合意形

成は困難となります。

法改正による計画制度の充実と民間任せとの矛盾

「事業者に任せきり」という批判と「自治体が主体的に関与しない」という責任論は表裏の関係にあります。したがって自治体の権限をそのままにして、実効性のある自治体計画をつくれという方針は、矛盾をはらんでいます。にもかかわらず自治体の取り組みは、不充分であると批判されます。

「公共交通の必要性に対する認識が乏しい、計画策定のノウハウが無い、地域公共交通の維持・改善は民間事業者の役割であるとの認識が依然として根強い等の理由で、連携計画の策定に消極的な市町村も多い。結果として、公共交通ネットワークの縮小、サービスの悪化に歯止めがかからず、日常生活における住民の足としての利用が困難となる事態が生じている」（地域公共交通部会「基本的考え方」2014 年 1 月）

責任は、自治体にあるのでしょうか？　国土交通省は繰り返し自治体の努力不足に言及してきました。しかし、ただ計画の数だけ増え、計画の内容が盛りだくさんになっても、権限や財源が限られていては、大きな成果は望めません。

以上、自治体の責任に関して、国のレベルの意見を見てきましたが、次に現場で仕事に取り組んでいる自治体職員の意見を見てみましょう。

2　自治体職員からみた法制度の課題

住民の日常の移動手段をどのように維持するかは、自治体の担当者にとっては悩みの種です。課題は、行政の問題（財源、権限、専門能力、庁内調整など）だけでなく、行政と民間事業者との関係、利害関係者間の関係、などの分野に広がっています。

　自治体の現場は、法制度の問題点をどのように捉えているのでしょうか？
　国土交通省の国土交通政策研究所が2013年に実施した自治体職員へのアンケート結果を紹介します。そこには、交通政策基本法（2013年12月公布・施行）および改正活性化法（2014年5月公布）と同時期の自治体職員の仕事と地域の現実が反映されています。
　このアンケートの目的は、「有識者ヒアリングのみでは把握することの難しい実際の現場における課題・問題点を把握するとともに、当該問題点の中から、多くの地方都市に共通して存在する地域公共交通の問題点を抽出」することでした。

2-1　事業者に対する権限
　自治体が有する権限、とくに事業者の活動に及ぼす権限についての職員の意見は多岐にわたっています。代表的なものを挙げると以下のようなものがあります。

民間事業者に対する権限がほとんどない
　「事業者への権限が全くないが、一方で公共交通の維持・確保が求められる」、「様々な提案を行っても、決定権は交通事業者にあるため、単なるお願いしかできず、事業を進めにくい」、「交通に関する権限が限定的」などが挙げられています。

区域全体の観点と事業者の運行方針
　この点については、「営利企業（民間の交通事業者）による当該地域への路線設定は期待できない」、「階層的な交通ネットワーク構築を行おうとしても、（略）収支が悪化するとの理由で（略）運行本数、乗り継ぎ時間等」の具体的な調整が実現できないことなどが挙げられています。
　この調整問題は、行政と事業者との間だけでなく、事業者間の問題でもあります。

2-2 事業者間の問題

職員の意見には「事業者間で縄張りまたは競合関係、路線重複などが生じ、連携が取れない」、「民間事業者間での限られた需要の奪い合い」、「事業者が競合関係にありサービス水準は高いが、需要の高い部分にのみ路線が集中」などの問題点が指摘されています。

また、「複数の民間交通事業者がいる場合の、計画策定や施策立案にあたっての利害調整」、「効率的なモード間連携より自社利益が優先され、鉄道とバスの互いの強みを出し切れない」、「交通モード間の連携や相互調整が不十分である」という意見も見られます。

事業者間の調整は、自治体区域内において持続可能で利便性の高いネットワークを構築するには不可欠の課題です。しかし、交通事業者間の「自由競争」を前提とした、当事者間の話し合いには限界があります。国が自治体に対して、協議会や計画の制度をつくったから、合意や調整の努力をせよと指示するだけでは、上に紹介したような自治体職員の悩みは解決しません。

事業者と補助金

関連したものとしては、「行政が民間バス事業者にどこまで関与すべきかの見極めが難しい」との意見もあります。この点は補助金と関連しています。

補助金を出す立場にある自治体職員には、事業者への不満も多いようです。たとえば「民間バス事業者にとっては、事業性のない事業では行政による赤字補填が当たり前」、「補助金が当たり前で、経営努力をしない」、「利用者を増やす努力が不十分」、「競合他社がないため経営努力や利用者を増やす取り組みが積極的に行われない」などの意見があります。

2-3 他の行政機関との調整

自治体の担当職員にとって事業者に対する権限と並んで悩みの種は、行政組織間の意見調整です。たとえば、交通管理者との協議では、「乗入、交差点、横断歩道などの安全確保」などがあります。また「道路管理者（国、都道府

県、または政令市）との調整」もあります。

　「道路管理者、交通管理者、公安委員会は自動車優先（安全、円滑）の考えであるため、公共交通に関する理解が得にくい」そのため「バス停設置の障壁が大きい」、「ルート設定、バス停設置、路面電車によるトランジットモールなどについて調整が難航する」、「駅前広場（協定広場）等の施設管理権が一部鉄道事業者に残っていたり、既得権限が強すぎるため、高速乗合バス等の取り組みの障壁となっていたり、後発参入のコミュニティバス乗入れが難しい」、「大きな渋滞がない区間でバス専用レーンを拡充することに関し、警察との調整が困難」などの具体的意見が出されています。

広域の調整

　もう1つ行政組織間の問題があります。

　たとえば「近接市の計画との整合を図ることが難しい」という意見です。隣接市へ向かう交通需要があっても、行政区域をまたぐためにニーズに沿った内容にできないのが現状です。

庁内の部局間の調整、複数の計画の整合性

　「主に自家用車の利便性向上を前提とした道路整備がなされてきた」、「土地利用計画・都市計画との関係性で交通計画が後追いである」、「都市計画マスタープランと交通関連計画が違う年度に別々の課で策定されているため、市の目指す都市像の方向性については共有できていても、個別の政策については整合が図れていない」などの指摘があります。

　この問題は、民間企業の活動に対する権限と密接に関連しています。

　「交通政策とは無関係に、民間の宅地開発や行政の区画整理等が推進」、「市街地の集約化に向け幹線路線バスを強化しても、沿線・中心市街地・地域拠点等へ都市機能を集積させる手法が確立されてないため、一体的で有効的なまちづくりが進められない」、「市街地に商業施設が集積していても、マイカー利用者がほとんどであったり、周辺の駐車場台数規制がないため、公共交

通利用が伸びない」などの課題が指摘されます。

　これらは、庁内の調整だけでは解決できない、自治体権限の課題ですが自治体の主体的努力だけでは解決できません。国の法制度や省庁間の調整によって取り組むべき課題が多くあります。

2-4　人材・ノウハウ

　職員にとって法制度とともに大きな課題が人材（専門性、調整力など）です。

　「専門性の高い分野であるため、人材育成が大変である。そもそもの専門知識を有する人材が少ない」、「事業者、地域住民、各種団体などとの交渉をうまく出来る人材が不足」、「人材・ノウハウが不足している上、行政による公共交通整備に対して理解が不足している」、「民間事業者に任せておけばよい、事業の民営化促進の流れに逆行している、という認識」がある、などの意見が出ています。

　関連して「ふさわしい地域公共交通を分析提案できる専門家やコンサルタントが近隣にいない」、「専門アドバイザーを設置するにも財源がない」などの意見もあります。

　人事方針の問題も指摘されます。

　「地理や地域特性の把握に時間を要する。経験を得た職員が短期間で異動するため、ノウハウの蓄積が難しい」

　以上の意見を見ると、人材・ノウハウの問題は、国土交通省が力を入れている情報提供や職員研修などで簡単に解決できるものではないことが分かります。職員数が削減され、権限・財源が限定されている現状では、これらで「市町村の人材育成やノウハウの蓄積」は不可能です。

　しかし国土交通省の対応は、「研修・セミナー、まちづくりと一体となった法制度の説明会の開催、先進的に地域公共交通の活性化や再生に取り組んでいる市町村の担当者の紹介、地方運輸局における相談体制の拡充、地方運輸局の職員が市町村を巡る相談体制など」というのが現状です。

2-5　国による法規制・補助制度の問題点

国の法制度については次のような意見が出されています。

「道路交通法や道路運送法等により、公共交通施策が思うように進まない」、「独禁法で事業者間の協議が禁止されているため、多数の事業者がいる場合、バス路線の再編や事業者間での共通サービスを行なおうとしても、実施が困難である」、「幹線バスとフィーダーバスに路線を再編する際、フィーダーバスは収支が見込めないばかりか国庫補助の採択基準に満たない可能性があるため、事業者が再編に対し前向きでない」などです。

補　助　制　度

国庫補助については、手続きの煩雑さ、制度の頻繁な変更、補助要件のハードルなどの面から、批判的意見が出されています。

「補助申請や許可申請手続きの内容が複雑で専門性が要求されるうえ頻繁に変更される」、「公共交通維持確保対策等の制度の要件のハードル（調査、計画策定、補助要件等）が高いため、活用することが難しい」、「補助制度が実態にそぐわない、必要なところに補助金制度を活用できない」。

県からの補助金についても意見が出されています。

「都道府県の補助割合が事業者の資本金規模が一定以上だと半減してしまうため、必要な路線を残すことが難しい」、「路線バス網再編の際、一部の路線が補助対象外」、「実際によく行われている中古車両の購入は補助対象外」などの具体的問題が挙げられています。

個別補助金による新規事業への誘導は、国土交通省が手放したくないパワーの源泉として機能しています。自治体に主体的に取り組みなさいという一方で、補助金を使って細かな口出しをするやり方を改めるべきです。

3　法制度の変遷と課題の継続

活性化法は 2007 年 5 月 25 日に公布されました。この法律に関連した国土

交通省による様々な文書（報告書、報道資料、審議会配付資料など）が公式
サイトに掲載されています。

　法律公布以後 13 年が経過しましたが、地域公共交通の「課題」についての
指摘は、制定時から現在まではほとんど変わっていません。「課題」について同
じような指摘が、似たような表現で繰り返し語られています。

　この間に基本法が制定され、法改正もなされて法制度の変更が実施されて
います。しかし地域公共交通が直面する「課題」や、来たるべき法改正の「目
的」などの記述を見ると、その基本的主張は 10 年以上にわたってほとんど同
じです。

　これは何を意味するのでしょうか？

　「課題」が継続しているのは、実施されてきた政策が不充分か、有効ではな
かったからです。「成果」に関連した統計データが書かれていても実施された
政策による効果なのか不明確です。

　また、既存の法制度の不充分さや欠点が指摘されることはほとんどありま
せん。国土交通省自身が作成し公表する資料で目立つのは、新規事業・実証
実験（自動運転、Maas など）の説明資料、いわゆるポンチ絵です。

　国、国土交通省は、地方自治体にアンケートやデータ集計を依頼したり、数
値目標の設定を求めたりします。にもかかわらず、国自身の取り組みに関す
る「自己評価」は乏しいと言わざるをえません。

　これと関連して公式サイト掲載文書の多くは、諮問機関（審議会等）関係の
配付資料や報告書である点も指摘しておきたいと思います。文書の作成者が
国土交通省の担当部署であるものは、サイトの説明文、報道資料、白書、「通
達・通知など」以外はほとんどありません。政策評価においては、数値目標
の是非、社会的効果の測定困難といった問題点はあります。しかし国が実施
した地域公共交通政策で、これまで何が達成されたのか、それを踏まえた法
制度の改革方針を、国民、住民へ向けて分かりやすく説明する公式文書が作
成・公表されるべきです。

　次に 2013 年以後の新しい法制度を見ていきます。2013 年の基本法成立と

その具体化である活性化法の 2014 年改正です。そこで、先に紹介した自治体
職員の指摘する問題点は改善されたのでしょうか？

第2章　交通政策基本法

1　基本法とは

　条文の内容をみる前に、「基本法」とはどのような法律なのかを押さえておきます。

　日本法令索引で検索すると、「現行法令」では、56件の「基本法」があります（2020年8月19日現在）。原子力基本法、災害対策基本法、教育基本法などをはじめ、平成以後も環境基本法、高齢社会対策基本法、科学技術基本法などが制定され、多くの基本法が存在します。

　参議院法制局の解説によれば、基本法は、「一般の法律と比べ特徴的な法形式」とされ、「国の制度、政策、対策に関する基本方針・原則・準則・大綱を明示したもの」です。

　また憲法と個別法との間をつなぐものとして、「憲法の理念を具体化する役割」を果たすこと、そして「それぞれの行政分野において、いわば『親法』として優越的な地位」を持つとも言われます。

　このように重要な法律でありながら、他方では基本法の規定は「内容は抽象的なものにとどまる」ことが多いこと、そのため「国民の具体的な権利・義務までが導き出されることはなく、それが裁判規範として機能することもほとんどない」と指摘されています。

　しかし基本法は「国会が、法律の形で、政府に対して、国政に関する一定の施策・方策の基準・大綱を明示して、これに沿った措置を採ることを命ずるという性格・機能を有」するという意義は重要です。

　以上のような基本法の位置づけは、交通政策基本法を評価するにあたって

もまず押さえておくべきです。

　地域公共交通の分野では、交通政策基本法の理念、方向性に基づいて「地域公共交通の活性化及び再生に関する法律」などで個々の具体的政策が定められているという関係になっていると考えられます。

2　条文の検討

　以下では、目的や理念、関係者の責務が定められている部分を中心に紹介します。

2-1　目的・基本的認識
　まず第1条には、「目的」が書かれています。
　「交通に関する施策について、基本理念及びその実現を図るのに基本となる事項を定め、並びに国及び地方公共団体の責務等を明らかにする」

　これを受けて、第2〜6条には、基本理念に関する規定が書かれています。
　第2条は、「施策の推進に当たっての基本的認識」が書かれています。
　そこでは「交通が、国民の自立した日常生活及び社会生活の確保、活発な地域間交流及び国際交流並びに物資の円滑な流通を実現する機能を有する」こと、国民等の「交通に対する基本的な需要が適切に充足されることが重要である」と書かれています。
　条文の「国民の自立した日常生活」を確保する「交通」とは何を意味するのでしょうか？　表現としてはやや曖昧です。公共交通手段へのアクセスが確保されていることを指すのでしょうか？　それとも「自由な移動」つまり移動は制限されない、という意味なのでしょうか？
　「交通に対する基本的な需要が適切に充足される」という文章も漠然としています。国民に移動手段へのアクセスが保障されるべきなのか不明です。

　第3条は、「交通機能の確保・向上」ですが、ここでも地域公共交通に関連

すると思われる表現は曖昧です。「豊かな国民生活の実現」と「地域の活力の向上」が書かれています。その他には「大規模災害への対応」と「国際競争力の強化」が列挙されています。

　第4条は、「交通による環境への負荷の低減が図られること」を求める重要な条文です。関連して第23条では「交通に係る温室効果ガスの排出の抑制、大気汚染、海洋汚染」、「公共交通機関の利用者の利便の増進」などに言及されています。

　第5条、第6条では、施策の推進にあたって、「徒歩・自転車」も含め、交通手段の「特性に応じて適切に役割を分担」と「有機的かつ効率的に連携」、「まちづくり、観光立国」などの「施策相互間の連携」を求めています。

　第7条は「交通の安全の確保」ですが、内容は「交通安全対策基本法」に委ねる条文になっています。

2-2　国と自治体の責務
　第8条は国の責務に関するものです。
　国は、第2条〜第6条が定めている「基本理念」にのっとって、「交通に関する施策を総合的に策定し、及び実施する責務を有する」と書かれています。

　地方公共団体の責務を定める第9条では、「国との適切な役割分担を踏まえて、その地方公共団体の区域の自然的経済的社会的諸条件に応じた施策を策定し、及び実施する責務を有する」としています。

　これらの2つの条項では、施策を策定し実施する責務についてきわめて抽象的に書かれています。国と自治体との役割分担、それぞれが実施すべき施策などについて、もう少し具体的に定めるべきだったと思います。基本法には抽象的表現ばかりでなく、きわめて具体的な条文もあります。たとえば第

16条では「日常生活の交通手段確保」として「離島、山村等の有する諸条件への配慮」が挙げられ、第17条では「高齢者、障害者等の円滑な移動」として、「妊産婦、ベビーカー等にも配慮」などに言及があります。

　そもそも国は「総合的」に、自治体は「自然的経済的社会的諸条件に応じた」という条文は、仕事の「役割分担」なのでしょうか？　国は「総合的」というなら、あらゆる施策に権限を行使できることになります。「役割分担」という用語自体が、地方分権を否定するように使用されています。

　第10条は、交通事業者の責務について書かれています。

　「業務を適切に行う」、「施策に協力するよう努める」ことを事業者に求めています。民間事業者の責務について、国や自治体の責務と並列的に定める構成は適切なのかという疑念がわきます。

　別項で紹介するフランスでは、自治体の権限（責任）について、「定期的な旅客公共交通サービスを編成する権限がある」という条文で定めています。日本の基本法の「責務」とは、公的機関が公共サービスを提供する「責任」（または権限）とは異なるようです。

3　評価と批判

　基本法について批判的に紹介してきましたが、あらためてこれまで、どのような評価がなされてきたかを整理紹介します。

　まず第1に、これまでの関連する法律にはなかった「理念の明確化」が評価されています。

　基本法制定以前には、鉄道、道路、航空などの分野毎に法律が多数ありましたが、交通全体に関する基本理念、一般原則を定める法律は存在しませんでした。そのため基本法は、統一的な交通政策の形成の可能性をもたらす、と評価されています。

　第2に、国と自治体の「責務等」が規定されたことの意義です。

　基本法は、基本理念の実現に向けた施策について、国や自治体などの果た

すべき「責務」などを初めて定めた法律です。

　以上の2点において2013年の基本法には意義がありました。しかし、これまでいくつかの点で批判も出されています。

基本理念の評価

　基本法の基本理念が評価されているのは、それまで交通政策全般の基本理念がなかったということです。理念の抽象的な内容についてはとくに批判すべきところがないともいえます。

　しかし、法律の理念が現実に活かされてきたのかという問題があります。この点は、交通政策基本法に関してはあまり論じられていません。

　法律の条文と実態が乖離している、あるいは空文化しているとか、ザル法で有効性が疑問である、といった批判は、これまで様々な法律に対してなされてきました。

　基本法というものが、具体的にどのように住民、自治体の役に立つのか、実際に現実を変えたり、施策に影響したのか、個別の法律との関係を含めて慎重に検討することが必要だと思います。

基本法に書かれなかったこと

　基本法への批判は、条文に書かれなかったことにも向けられています。

　最も関心を呼んだのは「交通権」という言葉です。この点については、条文の内容に「実質的に含まれている」との評価もあります。しかし、権利の実質について書かれていると解釈可能であったとしても、内容全体から見て交通権保障の「実現は期待できない」との指摘もあります。

　財源について書かれなかったことも批判されています。「財源と権限を自治体に与える仕組みが盛り込まれなかった」という指摘です。

　基本理念に関する法律であり、その実現に関する具体的な財源に触れる必要はなかったかもしれません。しかし施策を実施する責務を果たすには財源

が必要です。財源の保障は、国が法制度を整備して保障すべきであり、自治体の財源には限界があります。基本法であっても、国の責務に公共交通の財源を確保する趣旨の一般的な表現を入れることは可能です。

国土交通省による基本法の位置づけ

そもそも国土交通省は、この 2013 年基本法をどのように位置づけているのでしょうか？

現状では、省の管轄する交通政策の全体を枠づけている基本的な法律と評価しているのか疑問です。

国土交通省サイトの「ホーム」に入ると、上部の主要メニューに「法令・政策・予算」があります。そこをクリックしても、基本法の「解説」はどこにもありません。

基本法の概要は、「ホーム＞政策・仕事＞総合政策＞交通政策基本法に基づく政策展開＞交通政策基本法について」のページに書かれています。つまり基本法の紹介は、トップページに分かりやすく表示されず、幾つもある階層の下の方にあります。

また「交通政策基本法に基づく政策展開」のページを見ますと、最新の「トピック」は 3 年以上前の文書（2017 年 5 月 30 日付け）の「平成 29 年版交通政策白書が完成しました」です（2020 年 10 月 26 日アクセス）。基本法と各年度の具体的な施策や予算との関係は、全く分かりませんでした。

基本法のこのような位置づけは、サイト運営や広報の問題にすぎないのかもしれません。しかし、公式サイトを見る限り、この基本法が、国土交通省所管の事業や政策の基本理念に関する法律として重視されているようには思えません。

第 3 章　地域公共交通の活性化及び再生に関する法律

　活性化法は、2007 年 5 月 25 日に公布されています。

　以下では、まずこの法律の基本内容を整理し、次いで交通政策基本法の後の 2014 年改正、さらにこの改正後の制度改革をめぐる動向（懇談会・審議会）を紹介します。なお 2020 年 5 月 27 日に新たな改正法が成立し 6 月 3 日に公布されました（公布から 6 ヶ月以内施行）。それは直前の審議会の「中間とりまとめ」とほぼ同じ内容でしたが、最後に簡単に紹介したいと思います。

1　活性化法の内容

1-1　法 の 目 的
　第 1 条に「目的」が書かれています。

　この法律は、「急速な少子高齢化の進展、移動のための交通手段に関する利用者の選好の変化により地域公共交通の維持に困難を生じていること等の社会経済情勢の変化に対応」するとして、より具体的に「地域住民の自立した日常生活及び社会生活の確保」を第 1 に挙げつつ、他にも「活力ある都市活動の実現」、「観光その他の地域間の交流の促進」、「環境への負荷の低減を図る」としています。

　第 2 条は「定義」として、この法律の「用語の意義」について書いています。

　そのうち「地域公共交通」については、「地域住民の日常生活若しくは社会生活における移動又は観光旅客その他の当該地域を来訪する者の移動のための交通手段として利用される公共交通機関をいう」と定めています。

1-2　国等の努力義務

第4条は、「国等の努力義務」について定めています。その内容は、国と都道府県、市町村では異なっています。これは先に述べた基本法の「役割分担」という発想に対応しています。

国の努力義務

国については次のように書かれています。

「国は、（中略）地域公共交通の活性化及び再生を推進するために必要となる情報の収集、整理、分析及び提供、研究開発の推進並びに人材の養成及び資質の向上に努めなければならない」

国が努力すべき分野は、情報、研究開発、人材に限定されています。ここで国の役割を、知識提供と人材養成に限定しているのは、施策の「実施」に直接の責任がないことを意味しています。それは先に紹介した基本法の第8条と対照してみると分かります。

基本法では「国の責務」を、「交通に関する施策を総合的に策定し、及び実施する責務を有する」と定めています。国には「交通」の施策を策定、実施する責務があるのです。

しかし、国には「地域」公共交通に関する施策の「策定」、「実施」の「努力義務」はないということになります。「策定」「実施」という用語は、意識的に書き込まれていないのです。

人材要請や情報提供に限定していることに関連して注目すべきは、財政支援についても書かれていないことです。たとえば「国は、必要な財政支援に努めなければならない」という条項を書き込むことも可能なはずです。施策の実施も財源も、自治体の自主的な努力に任されています。

活性化法は、「交通」全般ではなく、「地域」公共交通に限定した「努力義務」を定めたものです。「地域」に限定しているので、自治体が「実施」しなさいという理屈になっています。

ただし「地域」といっても国策的な大規模プロジェクトは国直轄の事業と

して別に存在しています。これまでも国は、各地の大規模な交通インフラ整備に直接的に関わり、自治体に費用分担も求めてきました。すなわち活性化法の第4条は、自治体が取り組むべき「地域住民の日常生活」での移動手段に限定して、国の「努力義務」について定めたものなのです。

自治体の努力義務

次に自治体の「努力義務」の内容をみてみましょう。まず市町村に関しては以下のように規定されています。

「市町村は、公共交通事業者等その他の関係者と協力し、相互に密接な連携を図りつつ主体的に持続可能な地域公共交通網の形成に資する地域公共交通の活性化及び再生に取り組むよう努めなければならない」

さらに都道府県については次のように書かれています。

「都道府県は、市町村、公共交通事業者等その他の関係者が行う持続可能な地域公共交通網の形成に資する地域公共交通の活性化及び再生を推進するため、各市町村の区域を超えた広域的な見地から、必要な助言その他の援助を行うとともに、必要があると認めるときは、市町村と密接な連携を図りつつ主体的に持続可能な地域公共交通網の形成に資する地域公共交通の活性化及び再生に取り組むよう努めなければならない」

市町村も都道府県も、国と違って、地域公共交通の活性化および再生に、「主体的に」、「取り組む」すなわち実施する、努力義務があると定められています。

以上のように第4条は、国と地方の「役割分担」を明確に注意深く区別しています。この「役割分担」は、地方分権といえるのでしょうか？

自治体に権限と財源があってはじめて分権といえます。活性化法は、自治体が努力して取り組めと書いてあるだけです。自治体には義務だけあって権限と財源は極めて不充分な状態です。他方で、国の義務は「情報、研究開発、人材養成」のみです。このような支援内容では、自治体による地域公共交通

の活性化と再生が進展するとは思えません。

2　2014 年改正の評価

　2014 年改正はなぜ行われたか、その内容は何を改善しようとしたかをみていきます。

2-1　目　　　的
基本法の理念に対応
　改正の目的は、まず交通政策基本法の理念を踏まえることでした。2014 年には、交通政策審議会の地域公共交通部会が「交通政策基本法の考え方を踏まえた実効性ある枠組みを整備するため、地域公共交通活性化・再生法の見直し」を提言しています。

　国土交通省の説明では、改正の目標は「地域の総合行政を担う地方公共団体を中心として、関係者の合意の下に、持続可能な地域公共交通ネットワークの再構築を図る」ことでした。

　しかし、そもそも法律が施行された 2007 年でも「地域が自らの公共交通体系について主体的に検討する」という、ほとんど同じ目的が語られていました。自治体が中心になり関係者の合意を得て再構築を図るというのは制度の柱でした。そのために 2007 年活性化法は条文で努力義務を定め、自治体による「地域公共交通総合連携計画」（以下、連携計画）の策定と法定協議会が制度化されたのです。

連携計画の「失敗」
　2014 年改正であらためて、自治体が「中心となって」計画を策定するという目的が語られるのは、連携計画の内容が不充分と判断されたからでした。連携計画は、全国で約 600 件策定され作成数では一定の成果がありました。しかし 2014 年改正にあたっては、その内容が批判されました。まちづくりや観光振興など地域戦略との一体的な取り組みが不十分、総合的な交通ネットワ

ークの計画づくりに欠け、個別・局所的な対応にとどまっているものが多い、などが指摘されました。

　そもそも 2007 年制定時に、各事業を連携させ「総合的かつ一体的に推進」することは目的とされていました。ですから本来は、旧制度の何が問題で、改正法は何を改善しようとしたのかが明確にされるべきでした。

　ところが国土交通省は旧制度自身の問題点には触れていません。連携計画が個別・局所的な対応になってしまった原因は、どちらかと言えば自治体の意識や努力にあると考えたようです。したがって 2014 年改正は、計画内容を「盛りだくさん」にして充実させるという方向をとりました。このことは、そもそも権限・財源が不充分な自治体が、計画を事業化するハードルを上げることにしかなりません。

コンパクトシティとの連携

　改正法の目標は、「コンパクトシティの実現に向けたまちづくりと連携」すること、「地域全体を見渡した面的な公共交通の再構築」を図ると説明されています。

　「面的な」再構築という課題は、計画作成を複雑にしました。作業にあたって関係者や各部署との調整はこれまで以上に複雑になったといえます。

　人材と専門性に課題を抱えた自治体に、多数の関係者の合意を取り付け、すべての交通モードを考慮した計画をつくるように促したのです。財源・権限の新たな付与もありませんでした。

　本来、国土交通省が取り組むべき法改正は、それによって自治体がより「使いやすい」仕組みを工夫することであったと考えます。制度をさらに複雑にして、何でも盛り込んだ計画文書を作成させることではありません。

　2014 年改正の目的については以上ですが、その具体的な内容である計画制度についてもう少し詳しく紹介したいと思います。

2-2　計画制度の変更内容

連携計画から地域公共交通網形成計画へ

　従来の連携計画が、地域公共交通網形成計画（以下、網形成計画）に変更されました。

　特徴は、策定主体に市町村のみならず、都道府県が追加されたこと、また市町村単独でなく、複数の市町村や、県と市町村など複数の地方公共団体が共同で策定できる仕組みを担ったことでした。

　事業の面では、重点的事業である「地域公共交通特定事業」の中に、「乗継円滑化事業」を廃止して「地域公共交通再編事業」（公共交通ネットワークの再構築）を新設しました。この再編事業の内容は、鉄道、バスなどの路線等の編成の変更、他の旅客運送事業への転換、自家用有償旅客運送による代替、乗継ぎを円滑に行うための運行計画の改善、共通乗車船券の発行等となっています。

　さらに「再編事業」を実施するための「地域公共交通再編実施計画」（以下、実施計画）を作成し、国土交通大臣の認定を受けると鉄道事業法、道路運送法等の特例措置等により、国がその「実現を後押し」することになっています。

　「再編事業」の他には、LRT・BRTの整備（運送高度化事業）、海上運送サービス改善、鉄道の上下分離等の再構築事業、廃止届出がなされた鉄道を維持する再生事業があります。

　また資金面では2015年に、独立行政法人鉄道建設・運輸施設整備支援機構を通じた出資等を受けられる改正も行われました。

国庫補助金による実施計画への誘導

　国が事業の「実現を後押し」するのは、特例措置や出資だけではありません。個別事業（新規事業の実証実験など）への補助金があります。

　先に活性化法が定めている国の努力義務は「情報提供」と「人材養成」に限定されていることを紹介しましたが、国土交通省による自治体への関与はこれにとどまりません。補助金を通じて自治体が実施する個々の事業に口を

出しています。自治体の「主体性」を強調しながら、財政によって個別的施策とくに新規事業の実施を誘導しているのです。

計画制度と再編事業メニューの複雑さ

国土交通省が設計した計画制度は複雑です。

改正された変更点は分かりにくいだけでなく、幾つもの支援メニューが並列されていて、自治体職員が再編事業に着手（計画作成や補助金申請など）し易いとは思えません。

6種類の「特定事業」があり、その1つである「再編事業」も複数の手段（鉄道、バス等）、複数の事業（路線再編や乗り継ぎ円滑化）に区分されていて複雑です。

地域公共交通確保維持改善事業

現在、国土交通省の事業として「地域公共交通確保維持改善事業」（以下、確保維持改善事業）があります。

2019年度予算額では「220億円程度」となっています。

この予算規模は、2011年度313億円、2012年度319億円、2013年度320億円、2014年度374億円、2015年度290億円と推移しています。したがって総額から見る限り、2014年の改正以後、支援が充実されたのか疑問がわきます。

220億円の「確保維持改善事業」の中に、先に紹介した「特例措置」（実施計画の大臣による認定）が含まれていて、補助の上限や期間が優遇されています。

地域公共交通に関する国の補助事業は、名称が歴史的に変更され非常に分かりにくくなっています。

内容は、各種事業の寄せ集めです。また「確保維持改善事業」の中に「確保維持事業」があるなど、似たような名称で分類されています。どの事業が上位の名称なのかは、住民や職員には極めて分かりにくいといえます。公式サイトでもう少し分かりやすい情報を提示してほしいものですが、あるのは

パーワーポイントの煩雑な「ポンチ絵」です。

　国による財政支援はもっと大胆に簡素化すべきだと思います。
　地域の状況に応じた具体的な計画事業に、簡素な手順で包括的な財政支援
を行なう制度に改めるべきです。根本的な見直しがなければ、国が複雑な個
別的補助金で誘導しても、自治体には使いにくく手間がかかって取り組みが
進まないという現状は変わらないでしょう。

3　2020 年改正に至る議論

　2020 年 5 月 27 日に新たな改正法が成立し 6 月 3 日に公布されました（公布
から 6 ヶ月以内施行）。以下では、2014 年改正以後、課題の認識や制度の問
題点について何が議論されて、新たな法改正に至ったのか整理した後に、新
改正法の主な内容を紹介評価します。

3−1　懇談会の提言（2017 年）
　2007 年制定から 10 年の節目で出された懇談会（地域公共交通の活性化及
び再生の将来像を考える懇談会）の「提言～次の 10 年に向かって何をなすべ
きか～」（7 月 21 日公表）をみてみます。

自治体の「認識」「実行力」への批判
　2014 年改正が導入した網形成計画は、策定数では「成果はあがってきてい
る」としながらも、自治体の中には「組織内での体制も不備で取り組みに着
手すらできていない地域もいまだ多く、地域間の格差が拡大している」と指
摘しています。
　原因は主として自治体にあるといいます。
　「地方公共団体、交通事業者及び地域住民というそれぞれの主体が、自らの
地域公共交通の問題を十分認識していない、又は認識していても問題を解決
する実行力が不足している」。活性化法では「地方公共団体が主導すること

なった。しかし、一部の地方公共団体では、そもそも交通担当の部局が無い
等、地域公共交通に対する意識が充分でない事例も見受けられる」。

逆に、活性化法に基づく制度については、肯定的な評価になっています。

「これまでの 10 年間で、活性化再生法の制定、改正等により、関係主体間
の連携の枠組みが整備されてきた。この枠組みを活用して、真に有効な取組
を行うためには、関係する交通事業者、行政、住民が、それぞれの立場で公
共交通への理解を深め、自らの役割を自覚し、その実行力を高めていくこと
が必要である」

制度は整備されたが、関係者の「理解」と「実行力」が不足しているのが
課題と読めます。

国が整備した制度が十分活用されていないという「上から目線」で、自治体
も、事業者も、住民さえも「問題を十分認識していない」、「実行力不足」と
批判しています。筆者は、自治体の実行力不足は、意識の問題ではなく、権
限や財源の不充分さの問題と考えます。

また民間事業者に「問題を十分認識していない」と批判することで、地域
公共交通サービスが改善するとは思えません。

自治体内の部局間の連携という課題

自治体内の部局間の連携についても言及しています。

「関連計画及び関連する事業を行っている部局とは必ず情報を共有する」、
「こまめに情報交換を行う」、「文教、福祉部門等、移動手段の確保が特別必要
と思われ」、「まちづくり、観光部門等、交通政策の如何により、当該分野の
方針が左右される分野」と連携する必要などを指摘しています。生徒に対す
る指導のような書きぶりです。

このような自治体への指示は制度論ではありません。努力や意識レベルに
対するものです。制度（網形成計画）の運用がうまくいっていないなら、本
来はその制度の設計を問題にすべきではないでしょうか？　たとえば、国土
交通省が率先して中央省庁レベルで、スクールバス、福祉有償運送、都市計

画等の関連部署と連携を取り、制度や支援メニューを改善すべきです。

国への批判

とはいえ有識者による懇談会は、国・国土交通省への批判も行っています。「国の対応の不足」については次のように述べています。

「対策の実施に関し、国として、交通事業者同士、あるいは交通事業者と地方公共団体との調整や、各主体への支援が充分とは言えない状況にある」

地方出先の「地方運輸局・運輸支局」についても提言しています。

運輸局と地方公共団体との「パートナーシップ協定の締結」、「地域公共交通確保維持改善事業等」の支援策の活用を通じ「しっかりと支援する」。「制度の活用支援、計画の作成支援を行う」、「研修等の場を活用」、「地方公共団体同士のネットワーク作りの支援や関係する各主体との橋渡し・調整支援等」を行う等です。

以上のような提言は、これまでも行われてきた「調整」「支援」にかんするものにとどまっています。既存の制度を活用して「しっかり支援」するという内容になっています。

「調整や支援の不足」とは、人材や財政の問題です。しかし人材、財政を具体的にどうすれば「対策の実施」（計画の策定、計画内容の充実）が進むのでしょうか？

提言の支援策では、「データの収集・分析」「ビッグデータの集約・活用」、「セミナー・研修の更なる充実やオンライン講座の実施等」「大学と連携した人材の養成及び資質の向上」、「研究・資料の充実」、「協議に必要な主体の参画に向けた働き掛けや助言」「主体間の信頼関係の醸成」「事例を収集」、「マニュアル等の整備」を行う。

以上の具体案によって、自治体が主体的に計画策定に取り組むという「人材」の課題は改善されるのでしょうか？

財政に関する提案

提言では、国による財政支援には踏み込んでいません。

対照的に自治体に対しては、「必要な経費を確保する手段を多様化する」、「ふるさと納税やクラウドファンディング、過疎債（該当地域に限る）の活用等も考えられる」と具体的に提言しています。

過疎債は使える財源ですが、公共交通だけでない幅広い分野に対応した制度です。自治体内での合意が必要です。

提言は、住民にも財政面での努力を求めています。

具体的には、「協賛金や広告の獲得等様々な収益方策の工夫」です。それは「民間の交通事業者ではサービス提供が困難な地域」における住民が「主体となる輸送サービス」に関連しています。住民の「主体的参画」があれば「地域内交通におけるきめ細かな地域輸送サービスの提供」ができるという議論となっています。

可能な限り公的支出を抑えるために、幹線以外の交通では、住民の財政面の貢献を求めるという政策です。公的補助金だけに頼らないことは必要でしょうが、「きめ細かなサービス」を提供するには公的財政の充実が不可欠です。

新規プロジェクトの提案

新規プロジェクトでは多様なものが提言されています。

例を挙げれば「自動運転の推進」、「貨客混載」（過疎地域で旅客運送と貨物運送との事業の「かけもち」による生産性向上）、「MM」（モビリティ・マネジメント）です。

新しい事業の提案として「自動運転の実証実験を実施する」ことを挙げています。そのため制度課題では、「事業法制や安全規制のあり方」を「適時適切に推進する」としていますが、しかしこれは国のやるべきことで、自治体が作成する計画制度の問題ではありません。

3-2　交通政策審議会・地域公共交通部会「中間とりまとめ」（2020年）

交通政策審議会の「地域公共交通部会」による「中間とりまとめ」は、2020

年1月29日に公表されたものです。この直後の2月7日に活性化法の改正法案が閣議決定されています。改正法をみると、その内容は「中間とりまとめ」の提言とほぼ重なっています。

「中間とりまとめ」のタイトルは、「持続可能な地域旅客運送サービスの提供の確保に向けた新たな制度的枠組みに関する基本的な考え方〜地域交通のオーバーホール〜」になっています。

網形成計画への現状批判

2014年法改正が導入した網形成計画は、524の地域で策定（2019年7月末）されていました。「中間とりまとめ」は、主として計画内容や書き方を批判しています。たとえば「現状の把握や目標設定の方法等を含め粗密」がある、「PDCAを着実に進める観点から、より一層の具体性・客観性や、分かりやすさ等が必要」などです。

しかし、各自治体が独自に数値目標やPDCAを設定する制度なのですから、ばらつきは当然ではないでしょうか？　計画に基づく改善・充実の全国データを収集・公表したいならば国土交通省自身が、明確な統一的指針を示べきです。

「中間とりまとめ」は、網形成計画の現状批判として、市町村単独のものが約9割を占め「都道府県等による広域的な計画策定は十分に進んでいない」とも述べています。

網形成計画の具体的成果は？

網形成計画は2014年改正の柱となる制度でした。しかし改正から5年以上経過して、策定数以外に、この計画制度で地域公共交通はどのように具体的に改善されたのでしょうか？　「中間とりまとめ」では、2014年改正がどのような成果を挙げたのかはよく分かりません。

自治体による計画の内容は、未だに不充分というだけで、制度を作った側の自己検証はほとんど語られていません。

立地適正化計画との連携

　網形成計画の新しさの１つは、「都市計画制度における立地適正化計画等との連携」でした。立地適正化計画は2014年に導入されています。これは当時、国土交通省が打ち出した「コンパクト・プラス・ネットワーク」という考え方を反映していました。

　具体的には「公共交通の幹線軸や交通結節点等に都市機能や居住を誘導するとともに、幹線軸となる鉄道、LRT、BRT等の整備・機能向上や鉄道、乗合バス等の乗換えが容易な交通結節点の整備を図る」という内容でした。

　しかし、このような計画内容は、大都市、地方の中心都市に偏っていると言わざるをえません。

　また自治体が２つの計画を連携させるには、「両計画の作成部署が緊密な連携」を取ることが必要とされましたが、これには職員の専門性が影響します。小さな町村では、制度が要求する計画内容の作成はもともと困難であったと考えられます。

　すなわち網形成計画と立地適正化計画との連携は、大都市や地方中心都市の公共交通再構築に対応した発想で、公共交通の維持確保に苦しむ地域の小さな市町村に適した制度ではなかったといえます。

実施計画の停滞

　2014年法改正による計画制度では「地域公共交通再編実施計画」も創設されています。

　しかし、網形成計画の策定数に比べると、2019年7月末時点で33件とまったく進んでいません。

　「中間とりまとめ」では、この実施計画の問題点を次のように整理しています。

　「バス路線等の再編を必須の要件としており、メニューが限定的である」、「複数事業者が連携した取組について、独占禁止法の競争制限に該当する可能性」、「計画区域内の全事業者の同意が必要」、「事業内容の変更に際し改めて国の認定が必要」。

これら指摘されている点は、すべて国だけが制度変更できる課題です。

解決の方向性と具体策

「国がやるべきこと」として、「制度的な環境整備を進める」、「予算面やノウハウ面からの支援を着実に行う必要がある」と述べています。

その上で、新たな制度的枠組みの構築を「4つの課題・テーマ」に整理し、それらに対応する主な具体策を速やかに実施すべきとしています。以下では、具体策の中で計画制度に絞って紹介します。

「中間とりまとめ」は、新たな計画制度として「地域公共交通計画（仮称）」を導入し、その作成を自治体の「努力義務」とすることを提言しています。連携計画（2007年）から網形成計画（2014年）と変更されてきた制度を「地域公共交通計画（仮称）」にする意味は何でしょうか？

変更理由は、「地域における輸送資源を総動員」することとしていますが、計画内容の新しさはあまりありません。具体策としては、各種の「移送サービス」の連携（自家用有償旅客運送、スクールバス、福祉・介護輸送）を述べています。これも以前からの課題であり、提言には新しさはありません。

関連して、既存の民間事業者（病院・商業施設・宿泊施設・企業等）による送迎サービス、物流サービス等も「法定計画」に書くように提言しています。しかし、商業施設や企業の無償の送迎サービスまで「法定計画」に組み入れて、運行を調整するような権限が自治体にあるのか疑問です。

新たな内容については、「次のステージに移行する」として、「地域公共交通のネットワークの形成」にとどまらず、「持続可能性のある地域の移動手段となるサービスの提供の確保」と述べています。しかし、そもそも前者の「ネットワーク」は充分なのでしょうか？

また計画の「質の向上」として、「まちづくりとの効果的な連携」を指摘します。しかし、自治体内の各部署の連携（まちづくり、観光、医療、福祉、教育、情報、物流等の分野と公共交通の連携）は、「計画に盛り込みなさい」「協議しなさい」と言うだけでは具体的進展は見込めません。

計画作成の努力義務化

　提言の新しさは、新計画制度を「地方公共団体の責務」、「努力義務」とする点です。

　現行の網形成計画は作成することが「できる」とされています。

　しかし努力義務化して、計画の策定数が増加しても、問題はその内容であり、具体的事業の実施です。

　計画内容をより広域的なものにするため、「広域的なマスタープランを作成するよう促進する枠組みを検討する」よう提言しています。現行の網形成計画も、複数の市町村、都道府県と複数の市町村が連携して作成することが可能でした。この取り組みをさらに推進しようとしています。「移動実態を踏まえた交通圏単位で、広域的な幹線と市町村内路線の整合が確保された効果的な地域交通」を実現するのが目的です。

　しかし、地域の公共交通の空白を解消するには、市町村単位のきめ細かな交通計画を充実させることが先決です。公共交通計画の広域化は、重要路線、幹線の重視につながりかねません。

定量的目標の設定

　提言は、自治体に定量的目標を設定し、毎年度、実施状況の分析・評価を行うことを明確化すべきことを求めています。例として利用者数、収支率、公的負担額等が挙げられています。それは、網形成計画の策定団体の6割以上が設定目標に利用者の「満足度」を記載する一方で、「収支」や「行政負担額」は2割程度という現状への批判からです。

　しかし、地域公共交通が課題になっているのは、財政力が豊かで、公共交通サービスが充実している大都市ではありません。全国一律に各自治体に対して「利用者数、収支率、公的負担額」の数値目標と成果主義の導入を進めれば、この面で成果が見込めない地域の公共交通サービスは影響を受けることになります。

　利用者数、収支率の目標を立てても成果が見込めない自治体が、利用者の「満足度」を数値目標とするのは、当然の結果といえます。国土交通省が、「利

用者数、収支率、公的負担額」の数値目標や評価を義務付けるだけでは逆効果です。自治体としては、利用者数の大きな増加や収支率の改善が見込める、公共交通の幹線の充実に重点を置くようになりかねません。

協議会のガバナンスの強化、人材育成

関係者の連携・協議の場である「法定協議会」について、提言では、「有識者、コンサルタント、マーケター等の参加や地方運輸局のサポート強化等により法定協議会の充実を図る」と述べています。

しかし、有識者・コンサルなど外部からの情報提供は、たとえ有益でもそれで「地域の合意」が容易になるとは思えません。合意は「作文」や「報告書」の作成とは違います。

また、これまでも国土交通省の地方運輸局は支援してきたはずです。なぜ制度として機能しなかったのでしょうか。課題は何だったのでしょうか？

国は「専門的な知見」で「計画策定」を補助し、「地方公共団体や地方運輸局の職員等に対する研修等の充実」、「優良事例の横展開を図ること、専門人材データベースの全国展開」。これだけでは過去に繰り返し言われてきたことです。新しい制度改革提案とはいえません。

「交通事業者間の路線、ダイヤ、運賃等のサービスの連携・協働」についても以前から課題とされてきました。しかし、1つのハードルは「複数の乗合バス事業者等によるダイヤ、運賃等の調整は、独占禁止法のカルテル規制に抵触するおそれ」という点でした。そこで、未来投資会議等の議論を受けて、複数の公共交通事業者が行う共同経営（運賃・料金、路線、運行回数等の調整）等について、独占禁止法の適用を除外するための特例措置を設ける事が提案されています。

地域公共交通利便増進事業（仮称）

現行の地域公共交通再編事業を「地域公共交通利便増進事業（仮称）」に代えることが提言されています。現行では「地域公共交通ネットワークの再編（バス路線の変更等）」しか対象にしていないので、「運行間隔の調整（等間

隔運行等）」、「利用者が使いやすい運賃設定（ゾーン運賃、乗継ぎ運賃等）」
等を対象メニューに追加するとしています。これによってバス以外の「鉄軌
道、旅客船」も、運賃設定を法定協議会で合意し、実施計画の認定を受ける
と、「各事業法における運賃の届出」とみなすよう提案しています。

郊外・過疎地等における移動の課題

　「郊外・過疎地等における移動手段の確保」はまさに地域の公共交通の喫緊
の課題であり、長年問題となってきました。

　「中間とりまとめ」でも「地方部を中心に、高齢者等が自家用車のない生活
への不安が強く、（略）、公共交通の経営環境がますます厳しくなる」事を指
摘します。

　そこで出されている提案は、「関係者の協議の下で、路線バスについては生
産性の向上を図る」「実情に合わせてダウンサイジング等（車両の小型化、運
行経路やダイヤ（頻度等）の見直し等）による最適化」「地方公共団体の公的
負担によるコミュニティバス、乗合タクシー、タクシー（乗用）等の運行」
「自家用有償旅客運送の活用、スクールバス、福祉輸送等の積極的活用、物流
サービスとの連携」などです。

　しかし、これらの対策は多くの地域ですでに実施されています。その実践
の中で出ている課題に応えるべきです。

手続の簡素化・柔軟な制度整備・規制の見直し

　国がやるべき事として次の点が指摘されています。

　「既存の制度についてわかりやすく整理し、手続の簡素化など柔軟な制度整
備をすべき」、「車両の仕様等に関する各種規制」について「不断の見直し・
緩和を進め、その周知を図る」と述べています。

　「手続の簡素化」「柔軟な制度整備」「規制の見直し」は、まさに地方分権化、
自治の拡充に係わります。しかし、一般的指摘のみで、具体的な改善提案は
ほとんどありません。

「地域旅客運送サービス継続事業（仮称）」の創設

「路線バスやコミュニティバスの廃止届出」が出される前から、「維持が困難と見込まれる段階」で、事業者など「関係者とサービスの継続のあり方を協議したうえで実施方針（仮称）を策定」することを提案しています。

しかし、このサービス継続事業の具体的内容（補助事業としての新しさ、「手続の簡素化」「柔軟な制度整備」「規制の見直し」）は不明です。

タクシーの一層の活用

タクシーは、「ドア to ドアの輸送を提供することができる公共交通機関」として重要と評価します。この点はまさにその通りであり、交通不便地域でもその役割は維持されなければなりません。

しかし提案は「乗合タクシーの導入円滑化に向けた環境整備」や過疎地域等の「移動ニーズに対応できるよう制度の柔軟化」とあるだけです。

具体案としては「事前確定運賃」「定額タクシー」が提案されています。しかしこれらは、企業経営、事業者の自前の努力の問題であり、行政による支援ではありません。

自家用有償旅客運送制度

この制度は、これまでの活性化法ではその位置づけが明らかになっていませんでした。そこで、公共交通を補完するサービスを担う手段として明確に位置づけることが重要であると提言しています。

公共交通を補完するという位置づけは従来からありましたが、有償運送の普及は伸びていません。提言はこの現状への批判となっています。そこでは「実施の円滑化」がキーワードとして使われています。

具体的には、「実施主体の負担を軽減」することが課題として指摘されています。また「関係者の全員同意が必須であるという誤解等」、「建設的な協議が行われにくいケース」があるので「更なる周知及び明確化を行う必要がある」としています。

しかし筆者は制度の「周知」ではなく、誤解を生むような複雑さ、手続き

の負担軽減を先に進めるべきと考えます。「周知」のための通達やハンドブックをいくら作成しても制度は活用されません。

交通事業者協力型自家用旅客運送制度（仮称）

社会福祉協議会やNPOだけでなく「交通事業者が委託を受ける」、「運行管理を含む運行業務を担う」という制度の創設が提案されています。

この制度では、「合意形成手続きや申請手続きの簡素化等の特例措置を講じる」としています。観光客の移動ニーズに対応し、地域の観光資源の活用を図るため、地域住民だけでなく観光客を含む来訪者も対象とすることも提案しています。

3-3　2020年改正法の内容

結論的に言うと、「中間とりまとめ」（2020年1月）の提言とほぼ同じ内容といえます。したがってその評価は重複するので、2点だけ指摘したいと思います。

改正の第1の柱は、「地域公共交通計画」です。連携計画（2007年）から網形成計画（2014年）と変更されてきた制度をさらに改変したものです。

すでに指摘しましたが、自治体が作成した網形成計画の「内容が未だに不充分」であったのは、自治体の権限（事業者に対する）、専門部署・職員、財源の不足が原因です。それを改善せずに、作成を「努力義務」にしても、また国が作成経費を補助しても、ただ計画数が量的に増えるだけです。

新計画の内容では「従来の公共交通サービスに加え、地域の多様な輸送資源（自家用有償旅客運送、福祉輸送等）を位置付け」ることになります。この点は地域の移動サービスの体系化、総合的取り組みにつながるきっかけになれば前進です。

しかし、問題は自治体が具体的に事業化し、実施できるかです。ここでも結局、自治体の財源や権限が強化されていないことが問題になります。地方運輸局が、事細かにアドバイスしても具体的事業は進みません。

　改正の第2の柱は、「輸送資源の総動員による移動手段の確保」です。具体的には、「過疎地等で市町村等が行う自家用有償旅客運送」の普及です。

　そのために、「バス・タクシー事業者がノウハウを活用して協力する制度」や「来訪者も運送の対象に加え、観光ニーズへの対応」するという2つが目新しいものといえます。

　公共交通を補完するという位置づけは従来からあったにもかかわらず、有償運送の普及が伸びなかったのは、制度が複雑、手続きが煩雑で、自治体や運行主体が活用しにくかったからです。

　登録制度に対する国の事細かな介入を改め、手続きを簡素化することが先決です。事業者の協力や観光客への利用拡大などはその先の問題だと考えます。

4　小　　括

　先にみた現場の自治体職員の意見は、その後の法改正において参考にされたのでしょうか？　たとえば「民間事業者に対する権限」はどうでしょうか？

　「事業者への権限が全くないが、一方で公共交通の維持・確保が求められる」、「様々な提案を行っても、決定権は交通事業者にあるため、単なるお願いしかできない」などの権限問題は、手が付けられていません。自治体には運行本数、乗り継ぎ時間等の調整に関与する権限はないので、たとえ交通計画の作成を義務づけ、内容充実を図っても事業者の経営判断が優先します。

　「他の行政機関との調整」という自治体権限の問題も残ったままです。他にも、国庫補助の問題点（「補助要件のハードル」、「手続きの内容が複雑で専門性が要求されるうえ頻繁に変更される」）などがあります。

　2014年改正後の国土交通省の議論、2020年改正でも、これらの解決策は出されていないと言わざるをえません。議論はつねに続いていますが、課題認識や新制度の一般論で「改革が取り上げられている」という状態にとどまります。地方の悩みに答える具体策は出てきません。

　それどころか、国は法律や制度は整備した、あとは自治体の側の意識や努力の問題であるかのような議論がなされています。確かに公共交通に関して怠慢な自治体も中にはあるかもしれません。

　筆者は、国の法律が現状から大きく変化しなくても、自治体が独自に地域公共交通を充実させることは可能であると考えています。現地調査に行くと、職員やNPO、社会福祉協議会、町内会などの関係者の意欲によって、住民の生活の足を支える仕組みが創られていることを実感します。現行制度の下でも改善できる余地はあるのです。

　しかし国・国土交通省は、法制度がうまく機能していない現状に責任があります。交通政策基本法の基本理念の実現に努力すべきです。

第4章　自家用有償旅客運送

　各地の取り組みのところで、すでに自家用有償旅客運送（以下、有償運送）の具体例を紹介しました。ここではそもそもこの制度はなぜ導入され、地域公共交通としてどのような意義があるのか考えてみます。

1　例　外　的　制　度

　この制度は、タクシーではなくても、運賃をもらって他人を乗せることを認める、ただし国に登録が必要である、というものです。2006年の道路運送法改正による登録制度です。

　タクシー業には国の許可が必要です。無許可でタクシー業を営むのは「白タク」という違法行為であり、「3年以下の懲役若しくは300万円以下の罰金」（道路運送法）が科されます。有償運送はこの「例外」なのです。

1-1　「バス・タクシーが困難な場合」に限定
　有償運送は、導入時から現在まで、あくまで例外として扱われています。
　まず「道路運送法の許可を受けたバス・タクシー」の「活用を十分に検討」し、その「提供が困難な場合に」活用することとされています（国土交通省「ハンドブック」2018年4月、2019年12月改定）。

　2006年の道路運送法改正以前にも、「公共の福祉を確保するためやむを得ない場合」には、有償運送が「例外的に許可」（旧道路運送法第80条）されていました。ところがこの例外が急増し常態化しました。たとえば福祉有償運送の例外許可件数は2138団体になっていました。

　急増の背景は、路線バスの撤退が進んだことや、高齢化により単独では公共交通機関利用が困難な移動制約者に対する「個別運送サービス」への需要

が増加したことでした。

タクシー会社・業界団体の反対

しかしタクシー業界はこの例外的許可に強い警戒心を持っていました。石川県の事例を紹介します。

あるNPO法人は、1999年の創設当初に移送サービスを提供する目的で、旧道路運送法の許可を得る手続きを北陸信越運輸局石川支局に行いました。しかし、「タクシーの経営を圧迫しかねない」との懸念から、許可の取得が難航しました。

NPOが活動する地域では、タクシー会社は1社しかありませんでした。NPOの移送サービス開始でタクシーの利用は減少し、会社は道路運送法違反にあたると運輸支局に中止を求めました。そのため運輸支局は、許可を出さず移送サービス提供は「黙認」するという対応をしたそうです。

法改正前にすでに許可件数が全国で2138団体にのぼっていた訳ですが、それ以外に許可が出されない石川のケースと同様の状況が全国にあったのではないかと考えられます。

「路線バスの撤退が進んだこと」、「単独では公共交通機関利用が困難な移動制約者の個別運送サービスの需要」という現実と、他方でタクシー業の保護との「妥協」が、2006年の法改正による登録制度導入であったと考えられます。

1−2　許可から登録へ：2006年道路運送法改正

2006年以前の「例外許可」という制度は、道路運送法の改正（2006年10月施行）により、「登録」へ制度変更されました。その理由は、「例外許可」が輸送の安全確保（運行管理や運転者の要件）や利用者の保護（対価の掲示義務など）のための法令上の措置が未整備という課題があったためと説明されています。

新制度は、過疎地の生活交通と移動制約者の個別輸送という2種の別個の交通サービスに対応させるように、過疎地有償運送と福祉有償運送の2制度

になりました。登録のためには、運営協議会（交通事業者も参加）の合意や
運転者の要件など様々なチェック項目が定められました。

2006 年改正の評価

有償運送が「新たに登録制度として法律上の位置づけが明確化された」と
評価されています。しかしこの「法律上の位置づけ」とは、あくまで運送に
おける安全確保や利用者の保護を主眼にしたものでした。

そもそも道路運送法は、運賃などを含む事業者の活動を規制する法律です。
交通サービスの市場規制が目的であって、地域の公共交通サービスの維持や
充実を促進するための法律ではありません。運賃を徴収する移動サービスは、
バスとタクシーが基本であり、その提供が困難な場合に、例外的に有償運送
を認めるという「規制政策」です。

しかし、各地の事例を見ると、地域住民の足としてまずは「バス・タクシ
ーの活用を十分に検討しなさい」という発想（法律の枠組み）は、きわめて
非現実的です。都会に暮らす人、中心市街地に住む人の発想と言っても過言
ではありません。

筆者も地元のタクシーを大事にするという自治体政策は重要であると考え
ています。しかしバスが通らないか、あっても便数がわずかな地域、あるい
はタクシーさえない地域が存在します。合併で区域が広がったため、市町村
内のこのような地域の存在が軽視されているのではないでしょうか？

1-3　2006 年改正後の課題

複雑で詳細なルールによる規制

有償運送は、国土交通省の通知などによって詳細なルールが設定されてい
ます。

作られたルールが複雑で、自治体に充分理解されていないことは、総務省
行政評価局の調査（2014 年）でも指摘されています。総務省は国土交通省に
対して、「制度の趣旨、協議のポイント、進め方等」の説明、「関係法令・制
度等の確認の徹底」、地方からの照会に対し「適切な助言ができる体制の充実

に努める」ことなどを求めています。

複雑な制度であることが理由で、有償運送の事務・権限の移譲を希望する市町村は約6%（69市町村）しかありません（国土交通省の2014年アンケート）。

自治体職員の理解不足とは？

国の官僚が、地域の協議会運営について、詳細を説明したり、適切な助言をしなければならないような制度は、自治体職員にとって積極的に導入しづらいのは当然です。

国土交通省は、自治体職員の理解不足や、「合意を得る協議会のノウハウが不十分」であるなどと責任を転嫁し、自治体の側に問題があるという認識です。なぜ関与を最小限にして、自治体に任せないのでしょうか？

ローカル・ルールという縛り

自治体側にも問題がないわけではありません。

導入初期から指摘されてきた問題として、ローカル・ルールの存在があります。これは、各運営協議会において関係法令・通達に定められていない、より厳しい独自の基準を定めているという問題です。地方の独自性は決して悪いことではありません。しかし問題のローカル・ルールは、有償運送に、過度な制限を加えて、制度の普及を妨げています。

1つの要因は、地元の事業者への配慮だと思います。筆者も、登録を審議する協議会の委員として、タクシー業界の代表が福祉有償運送を運営する団体の申請書類に細かく注文を付ける場面を何度か体験しました。

2 登録制度は住民ニーズに対応できたのか？

2-1 登録団体数は横ばい

2006年法改正の運用実態を見ると、2つの課題（過疎地の生活交通と移動制約者の個別輸送）の解決には不充分であったことが明らかになっています。

　登録制度導入によって、有償運送の登録団体数はそれほど増加しませんでした。

　団体数・車両数の推移（2006 年〜2017 年）をみると、過疎地（現在の名称は公共交通空白地）の団体数は 592 から 548 へと減少し、福祉の団体数は 2430 から 2583 と微増しています。

　国土交通省は 2019 年 1 月時点で、「自家用有償旅客運送（交通空白地輸送、福祉輸送）の登録団体は横ばい傾向」であること、「1724 市町村のうち 26% しか自家用有償旅客運送（交通空白輸送）を導入していない等、全国的な普及は進んでいない」と述べています。

交通空白地有償の導入は少数

　大きな問題点は団体数が示すように、福祉有償運送に比べて、過疎地（交通空白地）有償運送が普及しなかったことです。2018 年 3 月 31 日現在で、交通空白地有償運送は、市町村営 440 団体、公共交通空白地有償運送 116 団体であり、福祉有償運送の団体数の 5 分の 1 にすぎません。

　過疎地域における公共交通は、自家用車を利用できない住民にとって切実な課題です。福祉有償は対象を高齢者や障がい者に限定していますので、限定のない公共交通空白地有償は重要な制度です。

　過疎地域の移動手段の確保、充実の意義の 1 つには、外出を促すことで、高齢化しても移動性および自立性を維持することに貢献する点にあります。これにより「他人の介助によらずに移動」できる高齢者を増やすことができます。しかし、現状では有償運送は、過疎地域の生活交通手段として普及していません。

2-2　福祉有償運送の問題点

　移動制約者、とくに単独では移動が困難な人を対象とした個別輸送は、独自に設計されるべき交通サービスです。仮に過疎地域の路線バスやコミュニティバスが整備されても、単独で移動困難な人の外出手段としては不充分です。

　福祉有償は、交通空白地有償に比べれば普及しています。

　2009 年の国土交通省の報告書によれば、福祉輸送ニーズが「急増し、また多様化しており、地域のニーズに的確に対応した福祉タクシー等の福祉輸送サービスの確実な提供が求められている」と述べています。ここで、福祉輸送サービスとは、「福祉タクシー、福祉有償運送、市町村福祉輸送、病院や高齢者・障害者施設による送迎サービス等」を含む移動サービス全体を指しています。

　この福祉輸送サービスの中で、福祉有償は次のように位置づけられています。

　「福祉タクシー等のタクシー事業者による福祉輸送サービス及びタクシー等の公共交通機関で対応しきれない部分を補完するものとして、NPO 等による福祉有償運送の重要性がさらに高まっていく」

　この叙述からも福祉目的の輸送でも、まず既存の公共交通である「タクシーを活用せよ」、有償運送はあくまで補完という発想が読み取れます。しかし、この補完という考え方は、タクシーの不足・不在の地域の現状にまったく対応していません。

　さらにそもそもタクシーは、低所得層とくに交通の便が悪い地域の低所得者には簡単に利用できるような移動手段ではないことも考慮すべきです。

3　制度見直しの方向性

3-1　国土交通省有識者会議（地域交通フォローアップ・イノベーション検討会）の提言

　国土交通省の有識者会議（地域交通フォローアップ・イノベーション検討会）が 2019 年 6 月に出した提言（以下、「提言 2019」）から、国土交通省がこの制度をどのように見直そうとしているか見ていきます。

　「提言 2019」における自家用有償見直しは、一言で言えば「導入円滑化」です。今更ですが、登録制度になって 15 年近く経っても、普及が伸び悩んでいるためです。

　そこで打ち出されている解決策は次の点です。

　第1に、事業者への委託です。自家用有償に事業者のノウハウを活用しやすくするため、交通事業者が委託を受ける、あるいは実施主体に参画することを促すように、手続きを容易化すべきとしています。

　第2に、輸送対象を観光客などの来訪者に拡大することです。地域住民だけが対象ではないことを明確化すべきであるとしています。

　第3に、制度を利用しやすくするための見直しを検討すべきであるとしていますが、具体的に述べられていません。

　第1点は、タクシー・バスが不便な地域で、事業者にもメリットがありそうです。しかしタクシー運賃の半額程度で運行する自家用有償と、地元タクシーの通常営業がどのように両立できるのか、自治体などの補助制度をどう設計するのかが課題となります。

　第2点は、そもそも現行制度で禁止されていません。「外国人観光客4000万人時代」に沿った奨励策にすぎません。

　第3の「制度を利用しやすくする」という肝心の点は、一般論で個別問題に全く踏み込んでいません。ここを避けて、先の2点だけで有償運送が普及できるとは思えません。

3-2　通達による有償の定義

　2018年3月になって、国土交通省は通達で、「好意に対する任意の謝礼にとどまる金銭の授受は有償に含めない」ことをわざわざ自治体に周知しています。

　そもそも2006年の道路運送法改正にあたっては、参議院国土交通委員会において「NPO等による福祉有償運送について、好意に対する任意の謝礼にとどまる金銭の授受は有償に含めないこととするなど、「有償の考え方及び運送対象者の範囲を示す」旨の附帯決議が付されていました。

　ではなぜ、10年上経って通達を出したのでしょうか？

　その背景の1つは、規制改革実施計画（2017年6月9日閣議決定）にあり

ました。この計画で「登録又は許可を要しない自家用自動車による運送につ
いて、ガソリン代等の他に一定の金額を収受することが可能な範囲を通達に
より明確化する」と、「任意の謝礼」問題が言及されたのです。

　さらに 2017 年 6 月 30 日には、国土交通省の「高齢者の移動手段の確保に
関する検討会　中間とりまとめ」が公表され、その中で「道路運送法上の許
可・登録を要しない輸送について、ガソリン代等の他に一定の金額を収受す
ることが可能な範囲を明確化し、関係者に周知する」と言及されました。

　2018 年の通達は、このような経過を経て出されました。

　現行の有償運送では、「旅客から収受する対価は実費の範囲内」としていま
す。

　具体的には「ガソリン代・道路通行料・駐車場料金のほか、人件費・事務
所経費等の営利を目的としない妥当な範囲内」と細かく指定しています（国
土交通省「ハンドブック」）。また別に、「タクシーの半額程度」としている
「目安」もあります。

　これに対して、「任意の謝礼」とは何でしょうか？

　閣議決定である「規制改革実施計画」は、「ガソリン代等の他に一定の金
額」を受けとっても登録不要であると述べています。いずれ国土交通省は通
達で「ガソリン代等の他に一定の金額」について詳しい通知を出すと思われ
ます。それは、有償運送の「実費の範囲内」、「タクシーの半額」より低い対
価になるでしょう。

　国土交通省が改めてガソリン代程度の謝礼を強調する目的は、登録手続き
がいらない新しい移動サービスで、住民や自治体にさらに「汗をかいてもら
おう」ということだと思います。国の財政負担は全く必要ないからです。

　ガソリン代程度では、継続的、安定的な移動サービスは提供できません。ボ
ランティアの担い手次第で、状況が変化するからです。仮に、このような移
動サービスが、現行の有償運送の外に発展すると、既存の制度はどうなるの
でしょうか？

4　小　　括

　自家用有償の最大の問題点は、この制度が自治体やNPOにとって使いづらいことです。国土交通省は15年近く経過しているのに「取扱いについて円滑な実施に努めること」を課題として指摘しています。求められているのは、制度の簡素化と、財政支援の充実です。

　有償運送を実施している団体に対するアンケート調査では、繁雑だと思う事務手続きについて「更新・変更登録の申請時」と回答する団体が5割近くにのぼります。具体的にはとくに車両・運転者に関する提出書類の種類・量が多いこと等が挙げられています。

　円滑な実施ができないのは、この制度が複雑だからです。そして複雑で使いにくい制度である最大の原因は、国土交通省が事細かな通達、通知を出して、地方出先機関（運輸局）が、運用の細部にまで口出しをするためです。

　道路運送法による有償運送の例外扱いは、もはや過疎地域の実情に合っていません。営利事業であるタクシーとは異なるものとして制度化することを検討すべきではないでしょうか？

第4部　フランスのモビリティ基本法：比較法制度

　第 4 部では、日本と似た地域格差がありながら、対照的な法制度を持つフランスを取り上げて比較します。

　以下まず第 1 章では、交通権と交通税という法制度を検討し、交通税が「都市」交通に限定された財源という限界があったことを紹介します。次に第 2 章では、上院議員が作成した公式の報告書「無料の公共交通」を紹介します。その内容は運賃無料化を論じつつフランスの地域公共交通の現状全般を分析し、とくに大都市とその他の自治体間の格差を問題にしています。最後に第 3 章では、モビリティ基本法（2019 年 12 月 24 日公布、以下、2019 年基本法）を紹介します。

第1章　交通権と交通税の再検討

　フランスの公共交通の特徴は、交通権と交通税（公共交通に使われる地方税）の2つと言われてきました。交通権・交通税は日本では制度化されていないため、日仏の主要な違いとして、また日本の制度を考える参照例として、多くの研究紹介がなされてきました。

交通税の「空白地域」

　しかしフランスでは近年、交通権と交通税を大前提としながらも、その問題点が批判されてきました。それは、交通税を課税できるのが都市部の大きな自治体に限られていることです。すなわち交通税には広範囲の「空白地域」が存在すること（図4-1-1）、それによって公共交通サービスの地域格差があることが、2019年基本法の背景となりました。

4つの問題点

　フランスで何が具体的課題と考えられたのか、参考のため政府の公式サイトに現在も掲載されている4つの問題点を紹介します。

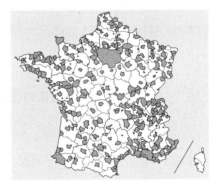

図4-1-1　交通税の空白地域
注：白色の「空白地域」が広範囲に存在しています（2017年1月1日現在）。
出所：上院報告書 Rapport d'information N° 117 (2018-2019) au nom de la délégation Sénatoriale à la prospective, sur les nouvelles mobilités - Mettre les nouvelles mobilités au service de tous les territoires

　①　多くの地域で交通手段が欠如し、不公平感と「自宅軟禁」状態がつくられている。何百万人もの市民がマイカー利用以外に移動手段がない。この車への依存は購買力を圧迫

している。

②　交通投資は大規模プロジェクトとくに TGV（新幹線）に集中しすぎている。日常交通ニーズが犠牲になっている。

③　環境と気候の緊急事態は、現在と違う移動形態を求めている。

④　交通の技術革新と実践の革命が多数の新しい解決策を提案している。

政府公式サイトの文書は結論として「私たちはこのような問題に対応するために、モビリティ政策を大きく変革する必要があります」と書いています。

4点の中に示されている地域間の不公平、マイカーに依存する地域、大規模な交通投資偏重などは、日本の公共交通の現状とも重なっています。

フランスでは交通権と交通税という従来の法制度だけでは、都市部以外の公共交通サービスの課題を解決でできていない現状から、新たに 2019 年基本法がつくられました。この経緯は、日本の公共交通を考えるための示唆を与えてくれるものと考えます。

そこで以下では比較の観点から、フランスの法制度の骨格を紹介します。

注：この交通権と交通税は、2019 年基本法により「モビリティ権」と「モビリティ税」になりましたが、この章では基本的に法改正前の制度を検討します。

1　交通権の法制度とその意義

1-1　条　　文

まずフランスの交通権という理念、その法制度の基本的な特徴を整理しておきたいと思います。

この用語を、法律において明文化しているのはフランスだけです。1982 年の国内交通基本法（以下、1982 年基本法）において定められました。その内容は「全ての利用者が、移動する権利、および移動する手段を選択する自由」に要約されています。

交通権は、「権利の中の権利」とも言われています。なぜなら、雇用、教育、

住宅、余暇、健康、文化へのアクセスを保障するものだからです。

1982 年基本法

1982 年基本法は第 1 条は次のように定めていました。

「国内交通システムは、自治体にとって最も有利な経済的、社会的条件の下で、利用者の必要を満たさねばならない。それは、国の統一と連帯、国の防衛、経済的および社会的発展、均衡の取れた地域開発、そして国際的な、とくにヨーロッパの交流の拡大に貢献する。

これらの必要は、すべての利用者が持つ移動する権利、手段を選択する自由、ならびに自分の財貨の輸送を自分で行うか、選択した組織または企業に委託するという認められた権利を有効にする規定の実施によって満たされる」

2010 年交通法典

この条文を継承して、諸法律を統合した 2010 年の交通法典では、次のように書きかえられました。

「交通システムは、利用者の必要を満たし、移動が困難な人や障がいのある人を含むすべての人が持つ移動する権利、手段を選択する自由、ならびに自分の財貨の輸送を自分で行うか、選択した組織または企業に委託するという認められた権利を有効にしなければならない。

この目的の遂行は、自治体にとって最も有利な経済的、社会的、環境的条件の下で、リスク、事故、公害、とくに騒音、汚染物質および温室効果ガスの排出の制限または削減の目的に従って実行される」（交通法典第 L1111-1 条）

主な変更（追加）点は、「移動が困難な人や障がいのある人」の部分と「温室効果ガスの排出の制限」などの環境保護の部分でした。

2019 年基本法

さらに 2019 年末公布のモビリティ基本法により交通権はモビリティ権に改称されて、先の交通法典の条文は次のようになりました。

「国土全体にわたるモビリティの組織は、利用者の必要を満たし、移動が制

約されている人、障がいに苦しんでいる人を含むすべての人が持つ移動する権利、およびアクティブなモビリティを含む手段を選択する自由、ならびに自分の財貨の輸送を自分で行うか、選択した組織または企業に委託するという認められた権利を有効にしなければならない。

　この目的の遂行は、自治体にとって最も有利な経済的、社会的、環境的条件の下で、移動頻度が低い生活様式との闘いという目標、およびリスク、事故、公害、とくに騒音、汚染物質および温室効果ガスの排出の制限または削減の目的に従って実行される」（交通法典第 L1111-1 条）

　変更・追加されたのは、「国土全体にわたるモビリティの組織」、「アクティブなモビリティ」（徒歩や自転車などを指しています）という移動手段を選択する自由、「移動頻度が低い生活様式との闘いという目標」の部分です。改めて「国土全体」や「移動頻度が低い」という文言が挿入されたのは、「非都市」地域の公共交通不足を踏まえたためです。

　政府の公式文書では、「モビリティ権」に改称した理由を、従来の公共交通機関へのアクセスおよびインフラ整備中心のビジョンに限定されない、「移動手段へのアクセスのあらゆる課題」をカバーするためと説明しています。このアップデートの意味については、別の章で検討したいと思います。

1-2　交 通 権 の 意 義

　交通権を法律の条文に書き込んでいるのはフランスだけです。この法律用語の意義は何でしょうか？　フランスは、この権利規定があるために公共交通サービスが充実しているのでしょうか？

　権利に関する用語が、公共サービスの理念や哲学に影響をあたえる可能性はあります。

　筆者は、フランスやドイツの現地調査で公共サービスという発言を度々耳にしました。公共交通サービスは、自治体が提供する責任がある公共サービスであるという考え方です。このような発想・理念が、交通事業の具体的な運営に影響を与えていることは否定できません。

　ただし、交通権という用語が法律の条文に書いてあるというだけでは、公共交通の地域間公平性、国と自治体の間の権限配分、運賃政策などに対して、それほど影響を及ぼすことはないと考えます。

　そもそも権利を定めた用語と抽象的な条文が、生活の実態に影響を及ぼしていないことはよく見られます。とくに日本のように歴代政府が人権教育、人権の社会への定着に不熱心で、権利の規定を「空文化」するような国ではそうなります。

　「〇〇権」の明文化だけでは、現実に大きなインパクトを与えないということは、フランスの交通権にもある程度当てはまります。1982年基本法第1条は、「移動する権利」と書いた意義がありました。しかしそれだけではなく、先に見たように条文の表現は法改正を経て、より具体的文言により内容の充実が図られてきました。交通権の明文化から40年近くたって新たな2019年基本法が制定されたのもそのためだと考えます。

　問題にすべきは公共交通に関する法制度全体です。とくに重要なのは国および自治体の権限を定めた条文や、財源に関する法制度です。この点は別項で紹介します。

2　交通税とその限界

　交通権と並んでフランスの特徴とされるのは、交通税の存在です。

2-1　制度の概要

地　方　税

　交通税は、自治体が課税する地方税です。

　この税はフランス特有のものです。日本を含む他の国では、利用者の支払う運賃と公的機関からの補助金の2つが主な財政資源ですが、フランスでは、交通税が公共交通に不可欠な資金となっています。

　自治体の権限とされている公共交通サービスであれば、投資と運営のどち

らの資金にも利用できます。使途の配分は決められていません。サービスには自転車、ライドシェア、駐車場も含みます。

雇用主が支払う

この税は、地方自治体一般法典（第 L.2333-64 条以降の条項）で規定されています。

「（前略）公的または私的である自然人または法人が、少なくとも 11 人の従業員を雇用する場合、モビリティサービスへの資金を目的とした税の対象となる」

管轄区域内の従業員の給与総額をベースに課税されます。ただし雇用主が支払う税であり、従業員の所得に対する課税ではありません。

課税の対象になるのは、従業員数が 11 名を超える、公的および民間の雇用主です（非営利団体、外国政府代表機関は含みません）。

支店（同一企業の複数の施設）であっても、自治体の区域ごとに 11 名以上ならば課税されます。また従業員数には契約社員やパートタイムを含み労働時間で従業員数に換算されます。これは幅広く課税するためであり、通勤手段を提供する主旨からと考えられます。

自治体議会が税率を決定

税率は自治体議会が議決します。管轄区域全体に適用される単一課税率になっています。

最高税率は、人口規模とサービス提供に関連する特定の基準にしたがって異なります。人口規模が大きく、路面電車など軌道系交通を持つ都市圏が優遇されています。

具体的にみると、人口 1 万人未満では観光都市に限って 0.55％ を上限として課税できます。1 万から 5 万人も上限 0.55％ ですが、観光都市の場合は 0.2％ 追加可能になります。

5 万人から 10 万人も 0.55％ ですが、軌道系サービスを提供していれば 0.85％ になります（観光都市の場合は 0.2％ 追加可能）。10 万人以上は 1％ で、軌

道系があれば 1.75％、さらに広域連合の場合は 0.05％ 追加、観光都市の場合は 0.2％ 追加となります。

2-2　交通税の意義

公共交通の収入面からみた交通税の意義はその比重です。

交通税は、収入の 40％ 程度を占める重要な財源になっています。

少し古いデータですが、上院の報告書（2012 年）によれば首都圏以外の地域全体の平均で交通税は総収入（借り入れを除く）の約 40％ を占めていました。他には運賃収入が 20％、自治体の一般予算が 40％ という構成になっていました。

さらに 12 の大都市圏（首都圏以外、2014 年）の平均データでは、交通税は収入の 45％ を占めていました。住民 1 人あたり年間平均 190 ユーロ程度（約 2 万 2800 円、1 ユーロ 120 円で計算）になります。かなり大きな金額になっています。人口 10 万人の都市ならば年間総額は約 23 億円に達します。

フランス全体でみると、2020 年の総額は 94 億ユーロとなり、2007 年の 55 億ユーロから約 70％ も増加しています。

増加の理由は、給与総額の増加だけではなく、税率引き上げと課税対象区域の拡大にあります。そのため、経営者団体は、交通税の増税に反対しています。

2-3　交通税の限界

交通税がカバーする人口は 72％、国土の 25％

先に交通税「空白地域」に触れました。交通税の恩恵を受けたのは国土の一部でした。

交通税を課すことができる自治体の合計人口は、フランス国民の 72％、面積では 25％ にすぎませんでした（2017 年 1 月）。

フランスには多数の市（基礎自治体）が存在します。その数は 3 万 5416 市（2020 年 1 月 1 日）にのぼります。このうち交通税を財源にできたのは 1 万 285 市（2017 年 1 月）だけでした。残りの約 2 万 5000 市は、その恩恵を受け

ていませんでした。

　すなわち7割の市、人口の3割、国土の4分の3は、交通税の「空白地域」
でした。

都市自治体の地方税

　「空白地域」が生まれた理由は、交通税が都市圏の自治体しか課税できなか
ったからです。具体的には、都市交通編成機関（略称AOTU）でなければ課
税できないという制度の制約です（別項参照）。

　また課税対象の実態からみると、都市ではない過疎の地域や農村地域では、
11名以上の従業員を抱える雇用主がどれだけ存在するかという問題もありま
す。

　交通税は、公共交通に充てられる地方税ですが、公共交通サービスの需要
が大きな都市圏に対応した制度でした。そのため、公共交通の地域間格差を
拡大する要因にもなったといえます。少なくとも、地域格差を是正する財源
ではなかったのです。

　いずれにしても、交通権と交通税による40年近い法制度の下で、公共交通
サービスの地域格差とくに交通税の「空白地域」が存在し続けたことに注目
しなけければなりません。

3　自治体を交通編成機関とする条文

　交通権や交通税以上に、フランスの法制度において重要なのは、自治体を
交通編成機関として、公共交通を組織する権限を定めた条文です。

3-1　自治体が運賃・路線・時刻・本数を決定

　フランスにおいて地域で公共交通を編成する権限を持つ機関は、基本的に
自治体です。

　当該区域の交通を組織する権限を持ち、すべての公共交通の運賃・路線・
時刻・本数なども決定しています。交通法典は、編成機関（自治体）の運賃

決定権限について次のように定めています。

　「編成機関は、対応する交通システムの経済的および社会的に最良の利用を実現するために、運賃政策を決定する。価格の問題における国家諸機関の一般的な権限に従って、編成機関は、運賃を決定または承認する」（交通法典第L1221-5条）

　この点は全く日本と異なります。域内で運賃が統一され路線が体系化されています。国の出先機関が介入することもありません。すなわち民間事業者に対しても、国に対しても独立した権限を持っています。

3-2　交通編成機関

　フランスにおいて公共交通の編成権限を持つ機関（＝編成機関 AO）は、以前は交通編成機関（略称 AOT）、現在はモビリティ編成機関（略称 AOM）と呼ばれています。

　この機関とは、市、市連合（複数の市が作る広域自治体）、事務組合、県、州などの自治体またはそのグループを指します。

　筆者はいくつかの農村地域で調査を行いましたが、そこからから見る限り交通税を持たない自治体においても、オンデマンド交通などにより公共交通が比較的よく整備されていました。その主な理由は、1982 年基本法により、「非都市」の公共交通については、県が責任を持つと定めた制度にあったと考えます。次にこの法制度について、簡単に紹介します。

3-3　交通編成機関と都市交通編成機関の区別

「都市」と「非都市」の区別

　公共交通サービスは、近年まで「都市」と「非都市」の区別がなされてきました。

　この区別に基づいて「都市」の公共交通サービスを組織する自治体だけが交通税を課税できる都市交通編成機関（AOTU）と呼ばれていました。都市のAOTという意味です。このAOTUは「都市交通局」などと訳されたりしますが、自治体の中の組織でなく、自治体そのものを指します。

　これに対して「非都市」の交通サービスは、県が編成する権限を持っていました。農村地域を県がカバーするという役割分担によって、交通税を課税できない小さな市における公共交通が支えられたのです。

県が「非都市」の公共交通を編成

　1982年基本法は「非都市の旅客道路交通」について述べた条文で、次のように定めていました。

　「定期サービス及びオンデマンドサービスは、県によって組織される」（第29条）

　この役割分担によって、AOTが国土全体（都市と非都市）の地域公共交通を組織するという体制でした。すなわち、県が非都市部の市に代わって責任を負ったことがこの制度のポイントです。仮に県を非都市部のAOTとせず、全国一律に市や市連合とされていたならば、規模が小さく財政力の弱い市の公共交通は、現在のような状態ではなかったと考えられます。県は、交通税「空白地域」で公共交通サービスを支えてきたのです。過疎地域でも市町村が地域公共交通に取り組む主体とされている日本と異なり、広域自治体である県が直接責任を持っていた点が注目されます。

　合併を強制できなかったフランスでは、いまも小さな市が多数存続しています。県が地域公共交通に責任を持つ制度は地方では不可欠であったといえます。

　交通権が、フランス全体でどのように保障されているかを分析するには、県の評価が不可欠であることが分かります。

3-4　デマンド交通と学校交通

　県が編成していた交通サービスの中には、路線バスだけではなく、デマンド交通と学校交通（スクールバス）がありました。

オンデマンドサービス

　オンデマンドサービスという語が初めて法律の条文に書かれたのは先に引

用した 1982 年基本法の第 29 条でした。

　ここで注目すべきは、「非都市」の交通サービスとして、定期路線バスとは区別して、わざわざオンデマンドが明記された点です。フランスでは約 40 年前から、デマンド交通が人口密度が低い「非都市」地域の代替的交通手段として位置づけられていたのです。

　さらに 2005 年 2 月 11 日の障がい者の権利等に関する法律は、広く移動制約者を対象に「移動のつながり」を保障しなければならないことを定めました（第 45 条）。

　「つながり」の対象は、交通手段だけでなく交通体系編成（インターモダリティー）、建物、道路に及ぶものです。また、移動制約者は、障がい者だけでなく、高齢者、妊婦、一時的な怪我や病気の人などを含む広い概念を考えられています。そしてこの法律の移動制約者のニーズに適合した交通手段は、デマンド交通を指すものと解釈されています。

　すなわちデマンド交通は、2005 年以後法律において、移動制約者のための代替的移動手段としても位置づけられるようになりました。

県から州への権限移管

　「非都市」の公共交通を編成する県の権限は、2017 年 1 月 1 日以降、州に移管されました（2015 年 8 月 7 日の法律による）。この権限移管については、県を弱体化するとして強い反対がありましたが、強行されました。

　現在の交通法典では次のようになっています。

　「（略）定期的またはオンデマンドの非都市サービスは、州によって組織される。障がいのある生徒のための学校への特別交通サービスは除外される」（交通法典第 L3111-1 条。2017 年 1 月 1 日施行の条文）

学校交通（スクールバス）

　県の役割としてもう 1 つ指摘しておかなければならないのは、「非都市」の学校交通の権限を持っていたことです。条文では、「学校交通は定期的な公共サービスである。県はこの交通の編成と運営に責任がある」と書かれていま

した。

　この県の権限も 2017 年 9 月 1 日以降、州に移管されました。ただし「障がいのある生徒のための学校への特別交通サービス」は県に残されました。

　以上のようにフランスの県が広域自治体として、「非都市」の小規模の市に代わって、デマンド交通やスクールバスの編成に責任を負うという法制度が、交通税「空白地域」の公共交通整備に貢献したことを忘れてはならないと思います。より広域の州に権限が移管されたことによる問題点は別項で検討します。

3-5　現在の交通法典条文

　まず、交通法典から編成機関の権限に関する規定を紹介します（2020 年 7 月 23 日現在）。

　「その管轄区域において、（中略）各モビリティ編成機関および州は、以下の権限がある。

　1.　旅客公共交通の定期的サービスを編成する、

　2.　旅客公共交通のオンデマンド・サービスを編成する、

　3.　学校交通サービスを編成する（中略）、

　4.　アクティブなモビリティに関するサービスを編成する（中略）、

　5.　陸上自動車のシェアに関連するサービスを編成するか、またはシェアリングの発展に貢献する、

　6.　連帯モビリティサービスを編成する（中略）。その目的は経済的・社会的に弱い立場の人々、障がい者、移動制約者のモビリティーへのアクセスを改善すること」（交通法典第 L1231-1-1 条）

　具体的で広範なサービス内容が書かれていますが、ここでは各種のサービスを「編成する権限がある」という文言に注目してください。

　編成機関はその管轄区域における、列挙されたすべての公共交通サービスの路線や時刻などの編成と運賃政策を決定できます。

　現在では、フランスの 4 層の自治体（市－市連合－県－州）のうち、市連

146

合と州とが、公共交通サービスの編成権限を持つ機関となっています。

　他に、首都圏のイル゠ド゠フランス州は例外で、「イル゠ド゠フランス・モビリテ」が州全体の唯一の編成機関となっています。つまりパリ市は単独で公共交通を編成する権限は持っていません。編成機関の理事長は州議会議長（＝首長）であり、理事会は地方議会（州・県・パリ市）議員で構成されています。

4　小　　　括

　日本では公共交通は、「民間事業者の事業運営に任せきり」、「法令上は、国も自治体も公共交通の維持責任など負っていたことはない」などと言われてきました。国と自治体の「責務」は、2013 年の交通政策基本法によってようやく条文化されました。

　日本とは対照的な国として、フランスの交通権と交通税は高く評価されてきました。1982 年の交通基本法に基づく制度は、公共交通の利用増加、自家用車利用の減少、自転車の復活など成果を挙げたと評価されています。しかしこれは都市圏に限定された成果でした。

　多くの地方都市、人口が低密度な地域の特別のニーズに応えることは課題として残りました。小さな市が点在する農村部や、都市近郊よりさらに外側の周辺地域では、公共交通サービスの不足は解決せず、むしろ自家用車依存は深刻化していたのです。

　「非都市」の公共交通は、県が責任を持つという体制は、交通権を国土全体で保障するための制度でした。しかし県には交通税という財源がありませんでした。そのため各県の財政力に左右される結果になり、地域格差が拡大したといえます。

　市、市連合、県などの自治体を、交通に責任を負う「オーソリティ」と定める編成機関という法制度が、国土全域で公共交通サービスを支えてきました。しかし地域格差の課題は残り、拡大していきました。

第2章　上院報告書「無料の公共交通」

　公共交通の運賃を無料にする制度は、ヨーロッパの一部の自治体で実施されています。とくにエストニアの首都タリン市の公共交通無料化（2013年）が有名です。また、ルクセンブルクの国全体の公共交通無料化（2020年）も注目を集めています。

　フランスでも、無料化を実施する自治体が増加するとともに、2020年3月の市議会議員選挙の大きな争点になり、無料化を公約した市長がいくつかの大都市で当選しました。

　運賃政策からみると無料化は、運賃だけで成立する事業運営（日本）とは対極に位置づけられるものです。この点で日本とフランスを比較することは、公共交通のあり方を考察する興味深いテーマと言えます。

　この章では、26名の上院議員により作成され、2019年9月25日に上院議長に提出・登録された「情報報告書」という公式の文書について取り上げます。タイトルは『無料の公共交通：誤解された良いアイデア、またはモビリティにおける生態学的および社会的革命？』となっています。無料に焦点を当てながらも、フランスの公共交通の現状について広く触れる内容になっています。とくに大都市と農村地域の大きな格差が中心的なテーマとして繰り返し取り上げられます。

報告書の構成

　報告書の構成を簡単に紹介すると、まず公共交通の現状を分析しています。
　そこには交通網の整備、提供されるサービス、運賃収入の比率、自治体負担の比率などにおいて、大きな地域格差があることが述べられています。
　次いで、無料の公共交通の意義についての議論が整理されます。部分的な無料と完全な無料とに分けて、その社会的意義と環境保護への貢献が論じら

れています。

　後半では、各地の経験が取り上げられ、具体的な課題を整理しています。

　報告書は基本的に、社会的弱者のための部分的無料化に賛成して論述しています。反対に、全ての人を対象にする完全無料は、大都市圏では実施困難であるとの立場から問題点を具体的に整理しています。無料化によって失われる運賃収入に変わる財源についても検討しています。

　最後にモビリティの考え方を見直すことを提起し、地域格差を克服する移動手段としてのライドシェアなどに言及しています。

　以下では、報告書の章立てを再構成した上で、叙述の流れに沿って内容を紹介します。

1　公共交通の現状

　まず報告書は、国土の中で公共交通が不平等に分布していることをデータにより整理しています。

1-1　地域間の不平等

　報告書は2つの不平等を指摘しています。第1は、交通税の有無による地域間不平等、第2は、交通税を課税できるモビリティ編成機関の管轄地域の人口規模による不平等です。

　「第1の不平等では、交通税が都市部向けに設計されたため事態が悪化している。

　1990年以降、都市化がさらに進行し都市部人口は12%以上増加した。交通税がカバーしている地域の面積は2003年から2016年の間に2倍に拡大し、カバー人口も約20%増加した。しかし他方では交通税の空白地域が存在し、その面積は国土の25%を占め、人口の約28%がそこに住んでいる。

　次に第2の人口規模の不平等では人口1200万人以上のイル゠ド゠フランス州（首都圏）の公共交通網がある一方、数千人以下の住民を対象にするネットワークが存在している。人口10万人以上の管轄区域の交通網は、フランス

の人口の 50％ 以上にあたる 3806 万人をカバーしている。他方では、5 万人未満のネットワークに 233 万人が住んでいる。どちらも交通税を課税できるが、それで提供できるサービス内容は異なる」

1-2　収入における交通税

この点について報告書は次のように述べています。

「交通税は、公共交通に資金を提供するために不可欠である。現在、交通税は平均して収入の 47％ を占めている。しかし自治体の間に違いがみられる。地下鉄も路面電車も持たない、人口 10 万人以上のネットワークでは、収入の 60％ を占めるが、地下鉄または路面電車がある同規模のネットワークでは 48％ となる。また人口が 5 万人から 10 万人のネットワークでは 46％ である。首都圏の州では交通税は、収入の 42％ を占めている」

1-3　運賃収入の減少と地域格差

報告書は運賃収入は、第 2 の収入源であるとして次のように述べています。

「雇用主は、交通税だけでなく運賃収入面でも貢献している。それは従業員が購入した定期代の半分を雇用主が負担するためである。

イル゠ド゠フランス州をのぞく地域全体の運賃収入（2015 年）をみると、地下鉄と路面電車を持つネットワークでは、運営コストの 20％ を占めている。しかし、バス路線だけのネットワークでは 12％ しかなく、人口が 5 万人から 10 万人のネットワークでは 11％ しかない。

これに対してイル゠ド゠フランス州の運賃収入比率は、全国平均よりも大幅に高い。2017 年の運賃収入は、運営コストの 36％（約 38 億ユーロ）であった。27％ は運賃収入で、9％ は従業員が購入した定期券価格の半額を雇用主が負担した額である。

ただし 2000 年には運賃収入は運営コストの 41％ あった。州の運営コストは 2000 年以降、提供するサービスが拡大したことが主因で 80％ 増加したが、運賃収入は 33％ しか増加しなかった。そのため、雇用者の負担額は 61％ 増加し、自治体負担は 186％ 増加した」

1-4　自治体負担の格差

報告書は自治体負担の格差については次の点を指摘しています。

「収入に占める自治体負担の比率をみると、平均35%（2015年）である。住民1人あたりでは113ユーロになる。

この比率は交通網の規模で異なり、人口5万人〜10万人のネットワークをみると、2000年の22%から2015年43%に大幅に増加した。他方、イル＝ド＝フランス州の比率は、18%（2017年）と低い」

2　無料公共交通の意義

2-1　無料の公共サービス

報告書は、公共交通の無料化という主張は、教育や社会保障の無料と同じものと位置づけられるとしています。「教育や社会保障の無料は、今日ではもはや議論の余地はない。社会保障や無料の教育を削減することを公約しても、誰も当選することはできない」

報告書は、車が無料サービスの恩恵を受けていることにも注意を向けます。

「道路の建設と維持は納税者が負担している。車は『負の外部性』すなわち大気汚染、地球温暖化・都市温暖化への影響、市街地の混雑、騒音公害などがあるにもかかわらず利用されている。トンネルと橋のある山道は、少数の住民しか利用できないが、利用者だけでなく、自治体全体によって管理されている」

このような事実を指摘することで、無料の公共サービスとして公共交通を提供することに対する批判に反論しているといえます。

フランスではすでに各地の自治体で「部分的無料」が実践されています。

一部の住民を対象にした無料（若者、高齢者、障がい者、軍人、失業者など）、イベントのための一時的な無料、特定の路線や特定の時間帯だけの無料、特別の移動手段の無料などです。

また、少数の自治体では、すべての利用者が無料となる「完全無料」もすでに実施されています。

2-2　社会的課題の解決策

無料化の目的は第1に、社会的課題の解決と考えられています。報告書は次のように整理しています。

「無料化は、無料でなければ公共交通を利用しない人の移動を促し、より活動的にすることが目的である。低所得者が通常の公共交通を利用する際には次のようなハードルがある。

第1に、低所得層には定期券の価格が高すぎる。その結果、乗る必要があるときには1枚ずつ切符を買うため割高になる。『貧しいことは高くつく』。無料になれば毎月の予算をやり繰りする精神的負担もなくなる。

第2に、割引運賃の恩恵を受けることができる境遇の人の多くは、実際には申請をしない。その理由は、低所得者や失業者の場合、恥ずかしい状況に身をさらしたくない気持ちがある。また手順の複雑さもハードルである。適用条件を問い合わせ、書類に記入し、添付書類を用意する必要がある。具体例として、積極的連帯手当RSA（生活保護に相当）がある。RSAは毎年50億ユーロ以上が、その権利を持つ人に支払われていない」

2-3　環境保護政策としての完全無料

報告書は、モビリティに大きな変化が必要であることを強調します。

「フランスのCO_2排出量では、交通が圧倒的に排出量の多い部門で全体の38%を占めている。車のシェアを減らすモーダルシフトは、人々の健康被害と地球温暖化への対策として重要であり、完全無料の公共交通機関を導入する目的は、このモーダルシフトに貢献することである」

フランス人の53%が自家用車を使用しない準備ができているという調査結果を挙げて、この可能性を示唆しています。

2-4　無料と地域格差

しかしながら報告書は、無料は公共交通リービスの地域格差の解決策ではないことを強調します。無料の公共交通は、当然ながらそれが存在しない地域では対策にはならないからです。この点は、無料化を考察する際に重要な

ポイントだと思います。日本の 100 円バスでも同じ問題があります。

　報告書は次のように述べています。「公共交通サービスは、すべての地域で
住民ニーズに対応しているわけではなく、すべての地域で公平なサービスを
確保できていない。公共交通ネットワークは、大都市を中心に組織され、郊
外や大都市圏に近い農村部でも不充分ながら整備されている。

　しかし、これ以外の地域では、コスト、移動時間、潜在的な利用者数の理
由から、需要に応じた頻度で、バス路線を設定することは困難である。『黄色
いベスト』運動が示すように、このような地域では、自家用車を他の手段に
完全に置き換えるのは困難である」

　このような認識はモビリティ基本法にも共有されています。

3　導入自治体とその目的

3-1　完全無料を導入した自治体

　報告書は完全無料の事例について次のように評価しています。

　「フランスでは、現在 29 の自治体が、完全無料の公共交通を提供している。

　導入した最初の都市は、1971 年にコロミエ市と 1975 年にコンピエーニュ
市だが取り組みは全国に広がらなかった。次いで 1989 年にイスダン、1992
年にシャンティイで導入された。

　2000 年代に無料はブームとなり、約 15 都市で実施された。そのうちのオ
バーニュ（人口 10 万 5000 人）は大都市の例である。2010 年代にはさらに 10
以上の市に広がり、このうちの 8 つは 2017 年から 2018 年の間に無料化を導
入している。

　29 の自治体の大多数は小規模である。1 万 5000 人未満が 14 自治体、1 万
5000〜5 万人が 6 自治体、5 万〜10 万人が 6 自治体となっている。

　交通網がカバーする人口が 10 万人を超えるのは、オバーニュ、ニオール
（12 万人）、ダンケルク（19 万 8000 人）、カレー（10 万 3000 人）の 4 つであ
る。ダンケルクの例は、フランスでは画期的な出来事となり、メディアや他
の自治体における多くの議論や検討のきっかけになった」

　報告書は、無料の公共交通は、交通の専門家ではなく地方議員によって促進され、技術よりも政治を優先したものととらえています。純粋に技術的な解決策ではなく、政治的選挙的なプロジェクトであると述べています。

　国会議員が書いた報告書が、このように述べるのは、無料を批判する立場からというより、複数の委員の意見の違いを反映したためであり、また各都市での実践の見聞の結果といえます。

　日本の地方自治との比較からみれば、地方議員が独自に無料政策を実行できるということ自体が興味深いと思います。

　報告書は各地域の経験を①サービスの最適化、②社会的動機、③車の使用制限、④都心の魅力、に整理しています。

3-2　サービスの最適化

「ガヤック、シャトーダン、シャトールー、マイエンヌ、サン゠フルールでは、導入決定の背後にある事情として、バスの利用不足が挙げられる。

　空っぽのバスやごくわずかの乗客のバスが走っているのを見ると、議員や市民は公金が浪費されていると感じる。空のバスの運行は、不要な汚染の原因となる。ニオールの市長は、無料に切り替える前に『公金がCO2に変化している』と表現した。

　もともと割引運賃の利用者が多くて運賃収入が低い場合は、完全無料への移行が非常に容易である。乗車券に関する管理コスト（切符販売と自動改札のシステム、販売や割引資格担当スタッフなど）が節約できるというメリットもある。

　ディナン市では、この管理コストが運賃収入よりも高いと評価された。モーゼルとマドンの運賃収入1万5000ユーロは、管理コストによって『食い尽くされる』状態だった。サン゠フルールでは、運賃収入は3000ユーロと見積もられたため、議員はサービスを有料にしておく意味がないと判断した。ガップでは、無料導入以前から高齢者、若者、失業者は無料で、利用者の80%がすでに運賃を支払っていなかった。

　さらに、完全無料にすると、雇用主は従業員のパス購入の半額負担ががなくなり、負担が軽減されるというメリットがある」

3-3　社 会 的 動 機
「オバーニュとレトワールでは、2009 年の経済危機による購買力の低下という状況が、無料アクセスの理由の 1 つだった。ダンケルクでも住民の購買力回復が主な理由の 1 つであり、4 分の 1 以上の世帯が車を持っていないという事情も考慮された。
　マイエンヌでは、低所得者向け社会住宅の居住者が住民の 26% と高かったことが、無料への移行の背後にあった。カストル＝マザメの無料化の目的は、低収入の人々をより活動的にすることだった」

3-4　車の使用を制限
「フランスでは大気汚染と渋滞の対策が、地方議員にとって大きな関心事になっている。ダンケルクは、車の使用率がフランスで最も高い都市の 1 つである。2015 年に、都市圏全体の 3 分の 2 の移動は車で行われた。オバーニュ、コンピエーニュ、ディナン、ヴィトレ、マイエンヌも車の使用を減らすという目標を掲げた。サン＝ブレヴァン＝レ＝パンとポルト＝ヴェッキオでは夏に大幅に増加する観光客の車によって発生する渋滞と戦うことが無料化の目的だった。このような観光都市では、無料の公共交通にはイメージ・アップの側面もある」

3-5　都 心 の 魅 力
「中心部の再活性化も無料公共交通の目的になっている。2010 年代初頭から、都市中心部における商業空白、住民の減少と貧困化、魅力的サービスの郊外への移転、身近な公共サービスの閉鎖などの現象が著しく悪化した。中心部への容易なアクセスは、このような衰退現象への対策の 1 つである。
　コンピエーニュではすでに 1975 年には、中心部を復活させることが目的になった。シャトールーでは、無料化は、人口減少する中心部を再活性化させ

図4-2-1　ダンケルクの無料バス「毎日　100% 無料」と書かれている
出所：ダンケルク大都市共同体公式サイト。

図4-2-2　ダンケルクのポスター「自
由・平等・友愛・モビリテ
ィ」「私のバス　毎日　100
% 無料」
出所：ダンケルク大都市共同体公式サイト。

る目的だった。ダンケルクでも無料化
の目的の1つは、市内中心部の新しい
イメージを提供することだった。イス
ダンでは、住民が市内のさまざまな施
設やサービスにアクセスできるように
することが優先事項だった」

4　導入している自治体の特徴

　報告書は完全無料化を導入している
自治体の2つの特徴を指摘しています。
第1に、運行頻度が低いこと。第2に、
運賃収入が低く、交通税に依存してい
ることです。

4-1　運航頻度が低く利用者が少ないバスネットワーク

「バスは、地下鉄や路面電車よりも資材やインフラへの投資がはるかに少なくて済む。無料の公共交通を提供する自治体が、バスのみで構成されるネットワークであることは偶然ではない。ダンケルクでは資金を確保して柔軟性を高めるため、トラムを建設しないという政治的選択をした。例外はオバーニュで、バスに加えて車体が短く軽いトラムが1本の短い路線で運行されている。

多くの交通網は小さな規模である。完全無料の29自治体のうち20は、5路線以下である。ベルネーでは、車両は22人乗りのバス2台しかない。マイエンヌには、最大70席のバスが2台とシャトルバスが2台である。サン゠ブレヴァン゠レ゠パンでは、バスは15席と立てる場所が12の小さなバスである。

運行頻度を見ると、ペロンヌではバスは1日に5便しかない。イスダンでは、4台のバスが半日だけ週6日間運行している。小さな町では、無料の公共交通の供給は依然として低水準である。サン゠タマン゠モンロンでは、9:00〜12:00、14:00〜18:00のみの運行である。ペロンヌでは、最終バスが中心部を17:30に出発するので利用者は不満を抱いている」

4-2　運賃収入が低く、交通税に依拠

「運賃収入比率の全国平均は20〜25%であるが、無料のネットワークでは15%未満である。ニオールは12%、シャトールーは14%、ダンケルクとポン゠サント゠マクサンスは約10%である。

他方で、交通税収入は高く維持されている。

オバーニュは、人口10万人の基準を超えた際に、交通税率を0.6%から1.8%へ3倍にした。ダンケルクでは、2011年に交通税率を1.05%から1.55%に上げた。ニオールは、有利な地域経済の恩恵を受けた典型的な例である。大きな保険会社の本社が設立され、ここから年間1500万ユーロの交通税を得ることができる。この額だけで、ニオールの運営コストを上回っている」

5　無料化の効果

報告書は効果について、以下のようなデータを紹介しています。

5-1　利 用 者 数

「ニオールでは、利用者は 2016 年から 2018 年の間に約 23％ 増加した。ヴィトレでは、2001 年から 2016 年の間にトリップ数が 10 倍に増加した（2001年は 4 万 7458 回、2016 年は 46 万 9367 回）。ダンケルクでは 2019 年 1 月から 5 月までの期間に、利用者が平日 65％、週末は 125％ 増加している。ディナンでは、1 日あたりの利用者数が 2018 年 12 月の 887 人から 2019 年 3 月の1402 人に増加している」

しかし報告書は、新しい乗客がどの程度、運賃が理由で公共交通の利用を控えていた人々なのかを判断することは困難であることも指摘しています。

「ダンケルクの調査では、50％ のユーザーが以前よりバスを『より頻繁に』利用していると答えている。しかし無料化以前に、まったく利用していなかった人の数や、経済的な理由で利用しなかった人の数は特定できない」

5-2　イメージの改善

「ダンケルクでは、以前からバスを利用しない人はバスに対して非常に否定的で、信頼性が低く不確かな交通手段と認識していた。しかし『無料は心理的ショックを生み出した』と言われている。ディナンでは『運行スタッフは、無料がもたらすセキュリティ効果を高く評価している。車内に現金を持ち込まないし、車内販売が不要、不法行為もなくなる』また『乗客は何も要求されないので車内の雰囲気が向上した』。シャトールー、オバーニュ、ダンケルクでも乗客の「非市民性」が低下したと報告されている。ダンケルクでは、バス座席の修理費用は半分になった。ヴィトレでは、ユーザー満足度は98％ となった」

　しかしこれらの「事実」について、報告書は次のように慎重な立場を取ります。

　「無料化は単独ではなく、全体的なプロジェクトと同時に実施されるので、無料の『直接的影響』は、測定が困難である。たとえば新しい路線の導入効果がある。ダンケルクでは、無料導入前は、10分間隔のバス路線の近くに6万人の住民が居住していたが、新路線導入で12万に増加した」

5-3　環境への影響

　無料公共交通の環境への影響は、自動車交通量や渋滞の減少、大気汚染および騒音の減少という観点から測定が可能でなければなりません。しかし報告書はこの点について、明確な持続的な影響を測定することは依然として困難であると述べています。

6　法律と無料化

　報告書は、無料の公共交通は「法律と矛盾する」、「無料の公共交通を可能にするには法律を変える必要がある」という見解があることを紹介しています。

低所得者の運賃は半額

　交通法典第L1113-1条は、無料について何も定めていませんが、低所得者の運賃割引については次のように定めています。

　「収入が社会保障法典第L.861-1条の適用で定められた上限以下の人々は、交通運賃の最低50%の引き下げ、または同等の援助の恩恵を受ける。割引は、利用者の居住地に関係なく適用される」

　フランスではこの条文によって、低所得者は、居住地に関係なく、運賃は全国一律に半額になります。運賃は自治体が決定しますが、その運賃政策はこの法律に縛られています。

報告書の立場は、これまで自治体が完全無料を実施することに異議が出されていないこと、また無料に関する交通法典の改正という動きもなかった、として「法律と矛盾する」という意見を否定しています。

7　大都市圏では実施困難

報告書は、これまでに行われたさまざまな調査を引用しつつ、鉄道、地下鉄、トラムなどを備えた大都市圏の交通網では、完全無料は今のところ困難であると指摘しています。

7-1　パリ市とイル゠ド゠フランス州
イル゠ド゠フランス州議会のペクレス議長（＝首長）が、専門家グループに依頼した報告書「イル゠ド゠フランス州における公共交通の無料化」は、2018年10月に提出されています。

またパリのイダルゴ市長が委託した調査報告書「大パリにおける交通運賃のビッグバンのために」が2019年1月に提出されています。いずれも完全無料の導入は困難としています。以下この2つの独自の調査報告からのデータを含んだ、上院報告書の叙述を紹介します。

無料によるトリップ数変化のシミュレーション
「このシミュレーションは、2010年のイル゠ド゠フランスの住民による1日あたりトリップ数データに基づいている。内訳は、車1650万回、徒歩1650万回、公共交通1000万回となっている。

完全無料を実施した場合、300万回のトリップは『時間ロスなく』公共交通に転換できる。これは150万人の公共交通の乗客に相当する。増加の52%は以前の自動車利用者である。これでイル゠ド゠フランスの自動車交通を2%削減できる。

ただし、主に短いトリップの増加であり、乗客キロの増加は6%にすぎず効果は限定的である。

　以上は、逆に言うと、車によるトリップの 90% は、『時間ロスなく』公共交通に転換することはできないことを意味する。

　別に『15 分の時間ロス』でシミュレーションした場合でも、車によるトリップの 60% は公共交通には転換できない結果になった。さらに、車によるトリップの 25% は、そもそも代替可能な公共交通がないという理由で転換できない。

　したがって無料は車利用の削減に効果はあるが、運賃政策だけでは行動を変えるのに十分ではない」

　首都圏や大都市圏でも公共交通サービスを利用できない地域があるのは、見過ごされがちな事実であり、日本にも当てはまります。運賃について議論するとき、公共交通サービスの地域「内」の格差は前提として考慮されなければなりません。

徒歩・自転車からのシフト

「無料によって望ましくないシフトが起きてしまう。

　新しいトリップの 60% または 75% は、以前は徒歩（とくにパリ市内では元々この比率が高い）と想定される。徒歩と自転車から公共交通への行動変化は、交通事業者には利益になっても、健康や環境へのプラスにはならない。

　したがって大都市では、徒歩・自転車の比率が高いため、無料化はマイナスの影響を与える結果になる」

既存の路線はすでに飽和状態

「イル゠ド゠フランス州の公共交通は、非常に交通量が多くすでに需給逼迫の状態である。原因は、首都圏の人口爆発と、数十年にわたる慢性的な交通投資不足である。2000 年から 2010 年の間に、需要が 22% 増加したときに、投資は 13% しか増加しなかった。とくにピーク時には多くのセクションがすでに重大な状況に直面している」

運用コストの大幅増加

「イル = ド = フランス州の公共交通の経常費用は 95 億ユーロ（2017 年）である。乗客から直接支払われる運賃は総額 27 億ユーロであり、無料で生じる節約（発券業務など）は 2 億 5000 万ユーロしかない。現在の経済的および財政的状況では、25 億ユーロ以上の追加収入を見つけることは不可能である。これは、パリ市の報告書とイル = ド = フランス州の報告書が一致している見解である」

7 - 2　他の主な大都市圏でも実施困難

報告書は地方の大都市について次にように評価しています。

「地方の大都市、とくにトラムや地下鉄のある交通網では、首都圏と同じ状況になることが予想される。これらの都市は、利用者の需要の急増に直面している。

リヨンの公共交通の交通量は 2009 年から 2016 年の間に 30% 増加した。ボルドーでも、2009 年から 2017 年の間 75% 増加した。

グルノーブルでは、トラムとバスの主要路線は飽和状態に近く、クレルモン = フェランやボルドーも状況は同じである。

地方の大都市でも、供給を増やすために投資が続いている。路線が整備されているネットワークでは無料は奨励できない。ピーク時の飽和現象を増幅するだけである。無料は持続可能なモビリティを供給するための重要な資源を奪うことになる。

これらの大都市では、運賃収入は非常に多額である。

トゥールーズでは 9730 万ユーロで、経常費用の 38% を占める。ボルドーは 8620 万ユーロで費用の 36% であり、リヨンは 2 億 4500 万ユーロで収入の 25% である。グルノーブルでは 3740 万ユーロで収入の 21.8% を占める。レンヌでは 3980 万ユーロで、収入の 18.4% である。

他方で完全無料を導入しているダンケルク、ニオール、オバーニュでは、運賃収入の比率は収入の 10% にすぎない。

　これらの大都市は、上院の委員によるアンケートに対して、『少なくとも当面は、完全無料を除外』『拡大された社会的・連帯的運賃を支持する』と回答してきた。

　実際に首都圏や地方の大都市ではすでに、部分的無料が実施されている。たとえばボルドーでは、求職者、ボランティア活動をする若者、難民申請者、退役軍人、高齢者、障がい者は、すでに無料である」

8　無料政策の限界

8-1　無料は 1 つの手段にすぎない

　報告書は、無料は唯一の解決策ではないことを強調しています。

　「無料アクセスは、自動車からのシフトという目的を達成するための唯一の手段ではない。全体的な都市政策（駐車場、カーシェアリング、自転車など）の枠組みで他の手段と組み合わせる必要がある。

　無料の公共交通網は住民だけでなく、外部に居住してそこへ通勤している人々に利益をもたらす。そのため周辺部で車から公共交通に乗り換える『パークアンドライド』が導入される。しかしこの政策は、郊外住民による車利用を減らす解決策ではない。減らすには、郊外住民のカーシェアリング、ライドシェア政策が必要である」

8-2　地域格差の解決策ではない

　「運賃政策は、サービスが存在することが前提である。

　無料化の議論があるのは、そもそも公共交通サービスが豊富である都市である。サービスがない農村部では、無料の議論もない」

8-3　都市のスプロール化を促進する可能性

　「都市交通網の拡張は、住宅の密度が低い周辺地域で実施される。しかし中心部以外では潜在的顧客の数は非常に少なく、『バスはしばしば座席の 4 分の 3 が空になる』。

　スプロール化では、公共交通サービスの提供エリアが大幅に拡大するのに、サービスを受ける人口はわずかしか増加しない。この状態で無料を実施するとどうなるか。通勤費が無料になり、遠距離移動のコストは下がる。結果としてスプロール化をさらに拡大してしまう。無料は住宅地域を雇用地域から遠ざける不動産市場を生み出すだけだ」

　ただし報告書は、このような意見への反論も紹介しています。

　「それによれば、無料の公共交通によって、都心部の魅力が増し住民を引きつけることが出来る。この都心への人口移動で、近郊や周辺農村へのスプロールは回避される」

　どちらの意見が正しいと言えるでしょうか？

　いずれにしても無料を単独で実施するだけでは、スプロール化が進行する危険があることだけは否定できないと思います。

9　運賃に替わる収入源

　報告書は、無料化のための新しい財源についても検討しています。その特徴は具体案が税制度に関連していることです。4つの具体案が議論されています。

9-1　都市通行税：危険な解決策

「都市の通行税、都市部の有料道路が、しばしば解決策として主張される。しかし、これには多くの困難がある。

　まず、都市周辺や農村地域の住民にとって車は非常に重要である。彼らは通勤に公共交通を利用できず、世帯あたり1台、多くの場合2台の車に依存している。1台年間6000ユーロ以上のコストがかかり、車への課税には敏感である。『黄色いベスト』運動は、並外れた激しさでこれを実証した。

　また都市の通行税は、都心に住むドライバーには影響を与えず不公平である。

　課税方法は他にも考えられる。カーシェアやライドシェアを優遇する措置、

車の重量や排出量による課税などもある。

　このような点から、都市の通行税は、今日では完全に成功した解決策ではない」

9-2　不動産利益への課税：さらに探求すべき道

「交通インフラは、土地や建物の価値を高める。公共施設の建設によって生み出された価値の少なくとも一部を取り戻す税制は正当にみえる。

　2つの主要なオプションがある。1つは、インフラ計画に起因する未実現のキャピタルゲインへの課税である。ただしこの場合、時間基準点（プロジェクトの公表、着工、試運転）を決定する必要があり多くの困難を伴う。

　2つ目は、不動産の売却時に所有者が実際に得たキャピタルゲインへの課税である。ただし、販売したものにしか課税されないという欠点がある」

9-3　駐車料金への課税

「ショッピングセンターの駐車場への課税や、熱機関を搭載した車両の広告に対する課税の可能性が考えられる。公的駐車料金の値上げによる収入増という手段もある」

9-4　国税の一部を割り当てる

　国税によって補完する制度も考えられる。報告書が挙げている具体例は、とくに大気汚染の原因となっている重量物運搬車両と航空輸送への課税です。

　また注目されているのが、エネルギー製品内国消費税（TICPE）の一部を、公共交通の運営に割り当てることです。すでにイル゠ド゠フランス州は、この財源から2017年に9400万ユーロを受け取っています。

　以上のようにフランスにおける交通財源をめぐる具体策は、税制を変えることが焦点になっていることが特徴です。

　予算配分の変更や補助金の増額ではないのです。そもそも予算や補助金の配分は、税収入を前提にしています。税制の問題こそ本当の意味での財源論

であるとの考え方からではないかと思います。日本でも、個別補助金に替わる税、地域公共交通に使う税制に関する議論が必要であると考えます。

10　デジタル時代におけるモビリティ

10-1　ライドシェア・オンデマンド

報告書は、人々はフランス各地で、流行以前からライドシェア（近隣の人、友人による乗り合い）を実施してきたことを指摘します。

「私たちは車を所有せず、公共交通サービスだけに依存しない時代に生きている。デジタルアプリケーションの普及は、ライドシェアというモビリティ解決策に新たな関心をもたらした。問題はライドシェアが『ラストワンマイル』の移動が必要な地域（公共交通が不便な地域）で発展できるのかである。

またオンデマンドは、通常の公共交通利用が難しい、モビリティが低下した住民の生活を楽にする解決策である」

10-2　エコカー・自動運転

他方で報告書は、デジタル技術による車の開発には批判的です。

「自動運転車や『経済的な』車は、道路輸送の魅力を高めている。自動運転車は混雑の増加、都市スプロール化を生み出す可能性がある。自動化に関連したモビリティサービスの開発は、自動車の使用を促進する可能性が高い。車を使うコストは下がっているので、抑制するためには、車の使用に対する課金は不可欠である」

10-3　「交通」から「移動」へのパラダイムシフト

報告書は、「交通」は、「移動」よりも狭いビジョンであり、「交通」の観点だけから考えないよう提案しています。「何でもすべて交通」というアプローチは時代遅れだと次のように主張しています。

「モビリティを再考することが重要である。単純に交通の供給を増やしたり、交通インフラに資金を提供したりしないこと、人々の『移動性』は損なわず

に『移動のニーズ』は減らすべきである」

「移動ニーズ」の増加を当然とは見なすべきではないという具体例として、通勤の問題を指摘し、合衆国では在宅勤務者の数が公共交通機関を利用する人々の数よりも多くなっている状況を挙げています。

「歴史的に供給を増やして需要を満たす政策は、都市の無秩序な拡大をもたらした。今後は、むしろ『移動』を構造的に削減するような政策に転換するべきである」

報告書が書かれたのは、新型コロナ感染が広がる以前ですが、在宅勤務に言及し、混雑する公共交通による移動とくに通勤への問題提起を先取りする内容となっています。日本でも長距離通勤を生みだしている大都市集中から地方分散に転換する政策や、在宅勤務の推進などにより、単純に「交通」の供給を増やす政策を再検討する必要があります。

11　小　　括

フランスの上院が公式に作成したこの報告書は、運賃を無料化する（全ての利用者対象か、必要な人に限定して）という実践的な課題を取り上げながら、公共交通について幅広く論じています。その分析は異なる制度の日本にも示唆を与えてくれます。

フランスでは、公共交通は公共サービスです。にもかかわらず地域間の不平等が課題となっています。民間主導の日本と問題点は共通していることが分かりました。

運賃無料は、非常に魅力的な政策です。その目的は、低所得の人の移動支援、車から公共交通へのシフト、観光都市のイメージアップ、切符販売等管理コスト削減などが挙げられます。

しかし無料化は、地域格差の解決策にならないことも指摘されました。ここが大きなポイントです。無料の問題点は他にもあります。

まず大都市では実施困難であることです。徒歩や自転車で移動していた人が、無料化によって公共交通へシフトしてしまうこと、供給を増やさなければ

混雑が発生することなどが理由です。フランスでは、法が定める低所得者の運賃半額制や交通税収入があるため、すでに多くの自治体が、低所得者、若者、失業者、障がい者その他の特定の人々の運賃無料を実施しています。このため全利用者の無料（＝完全無料化）のメリットが少ないことも指摘されます。この点はフランスならではといえます。報告書は、無料には慎重な姿勢で論じていますがそれは完全無料に対してで、部分的無料には向けられません。現在の部分的無料については、報告作成のためのヒアリングを受けた全ての関係者（事業者、乗客会、地方議員など）が賛成しています。

　報告書がもっとも懸念し、具体的提案をするのが財源問題です。運賃政策なので当然といえます。すでに多くの税金（交通税や一般予算）が使われていますが、この現状への批判は報告書には見られません。報告書の立場は公共交通予算の抑制とは全く異なり、無料化のための新たな課税制度が議論されています。この点は日本とは、まったく異なる状況にあります。

日本の100円バス

　日本でも例外的に無料が実施されている例がありますがわずかです。もっとも広く実践されているのは100円バス（200円タクシーなども）です。多くの自治体で実施されていますが、どう評価したらいいでしょうか？

　100円という価格設定に「科学的根拠」はなく、住民・観光客に対する公共サービスとして安価で分かり易い運賃にしているのだと思います。

　100円バスの収支率は、筆者が知り得た限りでは極めて低い状態です。ならば無料にしても自治体の負担額はそれほど増加しないはずです。100円より無料にすると経費節約も可能です。切符販売や料金収集の管理コストがなくなります。ドライバーや事務従事者の負担も減ります。

100円バスと自治体内の地域格差

　ただし100円バスには大きな問題点があります。

　自治体のすべての住民に平等ではないからです。自治体区域の中で居住地間の格差をなくすように配慮した運行になっていません。とくに面積の広い

自治体の100円バスはそうです。バスを使えるのは、路線があり、停留所が近い住民だけです。これに対してフランスの無料制（完全でも部分的でも）は、ネットワーク内の公共交通がすべて無料になります。特定のバス路線に限定されていません（ただし別の形の地域格差はあります）。

　いずれにしても、100円という運賃政策は、100円のコミュニティバスが走る地域にしかメリットがありません。

　そもそも運賃政策はサービスのない地域への対策ではありません。自治体に求められるのはまず、区域全体をカバーする公共交通サービスの体系化です。利用者としても運賃に対してだけではなく、公共交通の地域格差に対して声を上げなければならないと思います。

第3章　モビリティ基本法：その背景と内容

　モビリティ基本法は 2019 年 12 月 24 日に公布されました。この法律は、「利害関係者と国との間の協議の長いプロセスの集大成」でした。約 100 の条文を含む原案は、議会審議で 150 近い修正が出され最終的に 189 条になりました。

　本章では，この法律の背景や条文を紹介し評価したいと思います。

1　背　　景

1-1　黄色いベスト運動が提起した地域の交通問題

　黄色いベスト運動は、2018 年秋に始まった政府に対する抗議運動でした。日本でも報道されご存じの方も多いかと思います。

郊外や農村における移動問題

　この運動の中心課題の 1 つは、郊外や農村における移動手段である車に関連した政策への不満でした。すなわち地域間格差という背景を持った抗議運動だったのです。

　大都市や中心都市から離れた「地理的周辺」の住民、とくに低所得層や失業者が運動の中心にいました。彼らが抗議したのは「唯一の移動手段である車への増税」がきっかけでした。仕事があっても低所得で税負担が重い人や失業者が増税案に反対しました。隣町にまで行ってようやく職安や郵便局があるような小さな村の住民たちが、公共サービスの崩壊している状況に声を上げたのです。

　この運動が始まったのとほぼ同時期に、法案が閣議決定されています（2018 年 11 月）。法案の内容は、直接的にこの抗議の声に応えたものではあ

りませんでしたが、その審議過程では、法案が黄色いベストたちの不満に応えるものとなるように議論されることになりました。

燃料税増税が発端

2018 年 11 月 14 日にマクロン大統領が燃料税の引き上げを発表しました。

これに対して 17 日土曜日には、全国 2034 箇所で道路が閉鎖され。2000 以上の集会が開かれました。暴動も発生して、警察による逮捕もありました。

抗議の対象は、きっかけになった燃料税増税から、次第に公共サービスに関連する多様な課題に変化しました。たとえば高速道路の料金、購買力、年金、教育などへの様々な不満が表明されました。それらは、「マクロン辞職」の要求に拡大していきます。

車で移動せざるを得ない人々

運動参加者は、SNS を通じて広がり、特定の政治思想や共通の組織への所属がありませんでした。目立ったのは黄色いベストの着用でした。これは、反射帯が付いた安全ベストで、事故などで道路に降りなければならない時に着用が義務付けられ、車には必ず 1 枚は常備されているものでした。つまりこのベストは自家用車を運転する人のシンボルでした。

日本ではあまりなじみがありませんが信号のない交差点（ロータリー）に集まり、短時間だけ車をブロックし、チラシを配ったり嘆願書へのサインを求める運動を展開していました。とくに郊外の大型スーパーやショッピングセンターにつながる道路で実施されました。

国民からの支持

このように交通渋滞を引き起こしたり、一部が暴動をおこしたにもかかわらず、黄色いベスト運動は国民から大きな支持を得ていました。2018 年 12 月時点の世論調査では、国民の 70％〜75％ が黄色いベスト運動を支持していました。

燃料税増税や地域的要因から始まりましたが、公共交通や公共サービスの

不足・不便への抗議運動となった点への共感があったからです。

1-2　課題の認識

政府公式サイトが認める「交通手段の欠如」

　現在、政府の公式サイト（公共交通担当省のサイト）には、次のような文書が掲載されています。

　「今日、交通政策はもはや国の現実、市民のニーズと期待、とくに大都市から最も遠くに住む人々に適合していません」

　この現状認識は、黄色いベスト運動と同じです。もう少し引用します。

　「交通は私たちの日常生活に不可欠です。教育を受ける、仕事に行く、仕事を見つける、治療を受ける…移動の権利は、共和国の約束の中心にあります」

　「移動の権利は共和国の約束の中心にある」という文言は、まさに交通権を指しています。フランス政府は公式に、交通権が充分に現実化していないことを認めているのです。

　「多くの地域での交通手段の欠如は、不公平感と自宅軟禁の形を作り出します。今日、私たちの仲間の市民の何百万人もが、自分の車の個人的な使用以外に、移動するための他の解決策を持っていません。この依存は購買力を圧迫しています」

　まさに、黄色いベスト運動が表現した要求が、公式サイトにそのまま書かれています。

交通税「空白地域」への対応

　先述のように、基本法案提出と黄色いベスト運動は同時期でした。この2つは取り上げた課題も同じでした。それは自家用車に依存している郊外や農村の移動問題でした。

　黄色いベスト運動は、通勤者主体のものでした。言い換えれば運動の担い手は、車を所有できる所得階層の人たちです。マイカーを持てない移民、底辺の貧困層よりも相対的には中間層に近い階層とも言われています。

　提出された基本法案も、先述した交通税「空白地域」への対応が主な目的の１つでした。政府の説明でも、議会審議でも交通編成機関が権限を行使するために必要な財源が重要な論点になりました。自治体に権限があっても具体的な財源がなければ「すべての人の移動権に関する政府の約束は守られない」という論争でした。

2　2019年基本法の内容

2-1　交通投資の方向転換

　2019年基本法の冒頭には「交通への国家投資計画」が書かれています（第1条〜第7条）。

　その柱は「新規の大プロジェクトではなく、日常交通を優先する投資の明確な方向転換」であり、日常の交通手段に「より多くより良く」投資することです。

４つの目的

　第1条では「交通システムへの国家投資戦略と財政・事業計画」（2019年から2037年まで）の「4つの目的」が詳しく書かれています。

　第1の目的は、「地域間の不平等を減らす」ことです。

　具体的には「中規模都市」「大都市圏への接続が悪い地域へのアクセシビリティを向上させる」と書いてあります。

　第2は、「日常の移動提供を強化する」ことです。

　具体的には「都市の過密とアクセスを改善する」、「農村または都市周辺と都市中心との接続を改善」することなど明記されています。

　第3は、「エネルギーの移行、温室効果ガス排出の削減、汚染や道路混雑との戦いを加速する」ことです。具体的には「鉄道、河川、公共交通機関、アクティブモード（自転車、徒歩）など」を促進する、「個人の交通手段のシェアリングを増やし、マルチモーダルな移動を容易にする」としています。

　第4は、「貨物輸送の効率を改善して、陸上と港湾の競争力を強化する」

こと、関連して「モーダルシフトを加速し、貨物輸送の環境への影響を減らす」ことを挙げています。

　以上のようにフランスの 2019 年基本法の特徴は、まず「交通への国家投資計画」が書かれていることです。

　日本の交通政策基本法では、交通の果たす機能（第 2 条）が網羅的に列挙され、「国民の自立した生活の確保」、「活発な地域間交流・国際交流」、「物資の円滑な流通」などが書かれています。同じく交通機能の確保・向上（第 3 条）では「豊かな国民生活の実現」、「地域の活力の向上」、「大規模災害への対応」、「国際競争力の強化」が列挙されています。

　これに対して、フランスの 2019 年基本法は、「地域間の不平等を減らす」、「日常の移動提供を強化する」という目的（国家投資計画）を、前面に掲げているのが特徴といえます。

2-2　モビリティのガヴァナンス

　第 8 条～第 14 条では、「各地域でのモビリティのより効率的な編成」が書かれています。

　2019 年基本法による法制度改正の重要なポイントは、非都市部におけるモビリティのガヴァナンスでした。

　フランスは現在、市－市連合－県－州という 4 層制の自治体になっています。このうち基本的に市連合レベルをモビリティ編成機関（略称 AOM）とし、国土全体をカバーする体制をつくることになりました。それにともない 2021 年 7 月 1 日以降、基礎自治体である市は単独では AOM になれなくなります。

　市連合が国土全体をカバーするには、非都市部の小規模の市共同体（市連合の一種）を AOM にする必要がありました。2019 年基本法が定めた手続き

は、市共同体が自ら、AOM となるか否かを選択するものになりました。市共同体議会は 2020 年末までに議決し 2021 年 7 月 1 日から移行する予定です。

　国が選択を自治体に委ねた理由は、小規模の市共同体が域内公共交通サービスを運営する財源に不安があったからです。AOM となって公共交通の権限を持つと、サービスを組織する責任を負わねばなりません。

　しかし、上院の修正提案にもかかわらず政府は財源を定めませんでした。現状では、交通税の課税対象となる雇用主が不足する市共同体では、交通税のメリットがないまま、公共交通の責任だけ負うことになってしまいます。

　そこで市共同体が AOM にならないことを選択した場合は、「空白地域」が生じないように当該市共同体が所在する州がその区域の AOM になると定められました。

2-3　6種類のサービスを編成する権限

　モビリティの権限は、6 つのサービスを編成する権限と定義されています（第 8 条）。

① 　旅客公共交通定期サービス、
② 　旅客公共交通オンデマンド・サービス、
③ 　学校交通サービス、
④ 　アクティブなモビリティ関連サービス（徒歩、自転車など）、
⑤ 　自動車のシェアリング・サービス（またはその開発に貢献すること）、
⑥ 　連帯モビリティサービス

　重要な変更として、これらサービスのうちの特定カテゴリーを提供する義務がなくなりました。地域の特性に最も適したものを選択して、モビリティ権限をアラカルトで行使できることになりました。これは人口が低密度な地域でも、車の代替手段が提供されることを目指しています。

「村に定期バス路線を走らせるよう求める」のではなく、「相乗りやオンデマンド交通を容易にするためにルールを緩和する」というのが2019年基本法の内容だと評価されています。確かに農村地域で定期路線バスを運行するのは現実的ではないといえます。日本でも過疎地域で、相乗りとオンデマンドをどのように取り入れるかが焦点の1つであると考えます。

2-4　モビリティ税への変更

交通税は、モビリティ税に変更されました（第13条）。

基本的には名称の変更ですが、あらたにAOMになりモビリティ税を課税する自治体は、定期路線サービスを組織することが条件とされました。すなわち、たとえばデマンド交通やスクールバスしか提供しない場合は、モビリティ税を課税できません。この条件は2019年基本法公布以前から、モビリティ税を課税していたAOMには適用されません。

3　評　価　と　批　判

3-1　2019年基本法による進歩

2019年基本法は、多くの進歩をもたらしたと評価されています。

まず目標として、大規模プロジェクトを志向するような交通政策から、日常生活のニーズを考慮したモビリティ政策への移行が強調されていることです。

また交通への投資は大幅に増額されることになりました。

2018年〜2022年で134億ユーロ（2013年〜2017年に比べて40％増）さらに2023年〜2027年では143億ユーロの投資を計画しています。投資額の4分の3を鉄道事業（貨物・旅客）に向けて、既存鉄道の維持・改良、大都巾圏における通勤鉄道（RER）の整備などに充てられる予定です。

また自治体の権限・ガバナンスの改革も導入されました。

とくに非都市の市共同体にモビリティ編成の権限が与えられた点が重要で

す。これによって、市共同体の課税のポテンシャルを考慮しつつ、AOM が国土を 100％ カバーする目標を達成することが可能になりました。ただし、州はモビリティ税を課税できないので財源の課題は残ったままです。

3-2　批判：財源問題

2019 年基本法は，法案が閣議で採択された後、議会審議に 1 年間かかり2019 年 12 月 24 日に公布されています。

法案審議が難航したのは、上院が法案に反対したためでした。

上院は、審議開始以来、自治体がモビリティを組織する権限行使に必要な財源の重要性を繰り返し表明していました。財源がなければ「すべての人の移動権に関する政府の約束は守られない」と報道発表しています。

問題は、非都市地域の公共交通の財源でした。

上院が要求していたのは、モビリティに特定された具体的財源を、交通税「空白地域」の自治体に付与することでした。しかし、政府はなかなか財源を明言しませんでした。

2019 年 7 月に開催された両院合同委員会の直前に、フィリップ首相は付加価値税の一部を市共同体に割り当てる措置を、次の予算法案で議論することを表明しました。しかしこの政府提案に対して、上院は「自家用車に代わる信頼できる代替案を提供するための特定の永続的な財源」ではなく、問題を「将来の地方税改革に先送りした」提案であると批判しました。

ある上院議員（地域整備・持続可能な開発委員会委員長）は、次のように述べています。

「法案の野心的目標は、農村部の孤立と戦うことでした。上院が地方自治体に、実際に行使するための手段を与えずに、新しい責任を与えることは考えられませんでした。そのような財源がなければ、市共同体が、政府によって約束され、市民によって待たれていた移動の権利を実現することは不可能でしょう」

　この議員の発言はとても興味深いものです。日本でも、自主財源の付与なしに、公共交通を維持する責任だけが自治体に押し付けられることが常態化しています。

　最終的に採択された2019年基本法の内容についてある新聞記事は次のように書いています。

　「（2019年基本法は）上院議員から強く批判されている。彼らはとくにモビリティ空白地域を終わらせることを目的として、市共同体のモビリティ権限への資金提供を可能にする措置がないことを嘆いている」

　市共同体の財源だけでなく、交通への国家投資計画も額面通り受け取ることはできないと批判されています。何を財源にするかを、政府は審議段階で明確にしなかったからです。

　この点も上院において大きな論争点になり、政府案に対して多くの修正提案が出されました。2019年3月には、上院の委員会において、240件の改正事項が採択されています。

　委員会委員長は記者会見で、法案は「立派な目標が掲げられているが、交通インフラの資金調達については十分な検討がなされておらず、誠実性と確実性に欠けている」と批判しました。

　「今後10年間の交通インフラ投資の資金計画」には「交通インフラ資金調達庁の永続的な資金確保が必要」だが、現行の「交通違反による罰金等の収入源では不安定」であり、「石油製品特別税の増税による税収入があてがわれる等の原則が定められるべきである」と具体的な指摘をしていました。

　しかし、政府は結局財源問題を避けて、2019年基本法を成立させました。

4 小括：日本の基本法との比較

まず共通点が挙げられます。

政策理念と財源問題への対応です。政策理念では、日仏ともに交通政策の柱に「環境保護」を掲げています。

フランスでは、編成機関の行動は気候変動との戦いにおける主要な課題に対応しなければならないことが明記されています。また、フランスでは、条文の中に具体的な「数値目標」まで書かれています。2030 年までに CO2 排出量の 37.5% を削減，2040 年までに化石燃料（ガソリンや天然ガス）を使用した自動車の販売禁止，そして 2050 年に陸上輸送活動におけるカーボンニュートラル（CO2 の排出と吸収が同量となり相殺することを意味する）の実現達成、という目標を設定しています。

またマイカー利用抑制のための具体策（通勤のために年間上限額を設けた相乗りまたは自転車の定額乗り放題パッケージプランの導入）も書かれています。

国による財源措置について、明確な言及を避けるという姿勢でも、日仏は共通しているといえます。

ただフランスの場合は、日常交通への大幅な投資計画の財源や、農村部の自治体の公共交通財源をどうするか具体的な議論に政府が結論を出さなかったという経過でした。これに対して日本では、地域公共交通への投資額大幅増の計画はなく、地方の日常的交通に関する自治体財源（とくに地方税）も軽視されています。

次に相違点です。

フランスの 2019 年基本法では、人口が低密度なためマイカーに依存する地域での代替的交通手段について書かれています。非大都市の自治体が提供するサービスの中に、カーシェアリングだけでなくライドシェアも明記されて

います。

　他方、日本の基本法では、そもそも過疎地・郊外などの地域格差という課題の重要性や、定期路線バスに変わる具体的な代替的手段については触れられていません。

　フランスの 2019 年基本法は、少なくとも理念面では、交通の大規模プロジェクトよりも、日常の交通手段の改善に転換することを目的に挙げました。他方で日本では、リニアや新幹線への投資額をみれば、幹線の高速交通の大規模プロジェクト偏重は継続したままです。

第5部　県の役割と地方都市の公共交通：
フランス現地調査より

　フランスの地域公共交通の研究やデータの多くは、大都市を対象としています。これまでの日本におけるフランスの法制度や事例の紹介も、同じ傾向が見られます。しかし、交通権がどのように具体化されているのかを検証するには、公共交通の提供が困難な小都市や農村などの実態を見る必要があります。

　以下2つの章では、交通税の恩恵を受けない、非都市の地域公共交通サービスの実態を紹介します。まず第1章では、3つの県が運営してきた交通サービスについて検討します。次いで第2章では、地方の5つの小さな自治体が運営してきたデマンド交通について検討します。

第1章　県による公共交通サービス

　本章では、まず 2017 年以前の県の公共交通サービスについて、ムーズ県およびムルト゠エ゠モゼル県の実例を紹介します。その上で、2017 年の制度変更の実態について、グラン・テスト州とアルデンヌ県との関係を検討します。

1　ム　ー　ズ　県

1-1　ムーズ県の概要
　ムーズ県は人口 18 万 1600 人（2020 年）の小さな農村県です。フランスの中でもとくに人口が少ない県の 1 つであり、かつ人口減少が続いている県です（1975 年の人口は 20 万 3904 人）。
　県庁所在地のバル゠ル゠デュック市の人口が県内では最大で 1 万 4985 人（2017 年）です。この市を中心として 33 の市からなる市連合（名称は「都市圏共同体」）でも、3 万 5851 人（2014 年）という規模です。県内には、499 の市（2020 年）がありますが、その約 90％ は人口 500 人以下です。
　県は、フランス北東部のグラン・テスト州に属し、県境はベルギーに接しています。面積 6211.4km^2 で、人口密度 29.2 人/km^2 と低密度の地域です。

県の公共交通
　2014 年のデータでは、ムーズ県が公共交通の責任を持った区域（すなわち交通税「空白地域」）は、県面積の約 90％（5747.2km^2）、その人口は県の約 66％（13 万 2952 人）と広範囲でした。
　ムーズ県の面積は、山口県や茨城県に近い規模ですが、そこに約 18 万人が分散して住んでいます。そのため通勤の 80％ が自家用車であり、残りは徒歩 10％、自転車 2.8％ となり、公共交通利用は 2.3％ にすぎません。

　交通法典は、都市交通地域では交通計画の作成を義務づけていましたが、県の交通計画の作成は任意でした。ムーズ県議会は2008年11月に、10年間（2009年〜2018年）の計画として「モビリティと交通アクセシビリティに関する県基本計画」を採択しています。

　この計画は、公共交通サービスに関する総合的な諸目標を定め、とくに障がい者や移動制約者の公共交通へのアクセシビリティを改善する投資計画が盛り込まれたことが新しい点でした。

1−2　県が組織する公共交通

デマンドバスへの転換

　県基本計画に沿って、ムーズ県の交通ネットワークは、「農村という条件の中で、利用者の移動ニーズにより良く応える目的」で組織されました。

　2009年には交通ネットワークを再編して、乗車率が相対的に高い路線を残し、それ以外をデマンド型の路線バスに転換しています。

　この再編によって、既存の21の路線バスは、都市間を結ぶ10の定期路線

図5−1−1　ムーズ県議会

出所：筆者撮影。

（県内 104 市を結ぶ）と 15 のデマン
ド型路線（141 市域をカバー）、およ
び主要 3 都市と新幹線駅を結ぶ 3 路
線（新幹線の駅は 3 都市の中間地点
に位置）に整理されました。

　その後 2020 年 7 月現在では、7 定
期路線（100 市を結ぶ）、13 のデマン
ド型路線（145 市をカバー）、3 ルー
トの新幹線駅直行バスが運行されて
います。

県内の主要な公共交通

　ムーズ県が運営していた主要なサ
ービスは、以下のようになります。

図 5 − 1 − 2　ムーズ県・新幹線駅直行バス
出所：筆者撮影。

路線バス（各市を結ぶ定期路線）
　2009 年の再編により 21 あった定期型の路線バスは、主要 10 路線に再編さ
れたあと、現在は 7 路線に縮小しています。

　2013 年 1 月からは、生徒が学校休み期間（水曜午後、週末、祝日、バカン
ス）に無料で路線バスを利用可能になりました。

　運賃は距離に関係なく定額 4 ユーロに設定されていてかなり高額です。し
かし他に 10 枚綴りの回数券が 23 ユーロ、1 ヶ月定期 35 ユーロと安価になっ
ています。さらに 26 歳未満は年間 15 ユーロという格安のパスがあります。4
歳未満、障がい者とその付き添い、失業者は無料になります。高齢者割引は
ありません。

デマンド交通
　デマンド交通は 13 路線あります。これは以前、定期路線バスであったルー
トを残して走らせているものです。

　したがって、時刻、ルート、停留所は固定されているタイプのデマンド交通です。いわゆるドアツードアではありません。

　車両は9席以下のものが使用されています。

　予約は、前日の17時までに、予約センターに電話（無料）し、停留所名と希望の時間、往復か片道か、を知らせることになっています。

　料金は定期型と同じ体系で、移動距離とは関係なく単一料金であり、回数券、1ヶ月定期があります。

　デマンド型に変更して路線バスを存続させる方法は、乗客の少ない地域で公共交通を維持する方法の1つです。ムーズ県ではこれを広い県域で実施しているユニークな取り組みといえます。しかし、平均利用数は1路線1日当たり3回と低迷しています。

　その原因は、ヒアリングで聞いたところ、広報が不足していることに加えて、次の点にあると指摘されていました。

　第1に、以前の路線バスのルートをそのまま走らせていることです。

　ルートは、「線」のネットワークになっていてニーズに合っていない。ルートを「星型」「ゾーン」のネットワークへ変更し、ゾーン内の移動、路線バス停留所や中心市街地への接続する形に再編することが課題である。移動制約者のニーズは、同一地域内の移動、地域の中心市の医者、薬局、郵便局、商店への移動が主なものである。

　第2に、県内に約500存在する市は狭すぎ、県の面積は広すぎる。市と県の中間にある市連合とのパートナーシップが不可欠である。交通ネットワークを効率的なシステムにするには、県よりも狭い市共同体レベルが最適であるということを経験が示している。

　この第2の指摘は、県よりもさらに広い州に公共交通の編成権限が移管されたことの是非に関わる重要なポイントです。筆者は、デマンド交通の運営は、県や州のような広域自治体には適さないと考えます。

学校交通
学校交通は小学生から高校生までの通学を対象に、学校施設を結節点とし

て編成されているスクールバスです。2020年7月現在は、321のコースが運行されています。

　そのルートの編成は、商業路線バスとは区別された交通網として、通学が効率的に運行できるように配慮されています。また一般乗客の「混乗」も認められています。登下校時には300以上の路線バスが走っていることになります。

　運賃は距離に関係なく単一で設定されています。運賃は毎年、県議会が決定していました。

　2016年度（2016年〜2017年）に、1年定期が31ユーロから85ユーロに大幅に値上げされた際には、反対の手紙、メール、請願書が寄せられたそうです。

　生徒1人あたりの年間コストは約800ユーロでしたから、値上げ後も県の負担はコストの90%近くを占めている計算になります。市連合から追加的な補助がなされている地域もあるようです。

　各種の社会保障を認められている世帯のスクールバス運賃は無料になります。また割引制度として、1家庭で子供が2人以上の場合145ユーロの「家族カード」、バス停から2km以上離れたところに住む生徒にも割引があります。逆に決められた学区を超えた通学については、200ユーロと負担増に設定されていました。

農村地域のバス運行形態：カボタージュ cabotage
　カボタージュとは、バスが主要道路網から離れ、道路の左右に点在する村の中まで入って、その停留所を経由する運行形態です。

　ムーズ県には、医者、薬局、郵便局、商店がない小さな市が多数あります。スクールバスがこのカボタージュを行うことで、少なくとも朝1便の往路と夕方1便の復路が確保され、住民が中学校や小学校のある主要な市へアクセスできるようになっています。

　カボタージュは、直行路線、快速バスとは対極的な運行形態であり、時間ロスが生じ、走行距離も長くなってしまうというデメリットがあります。し

かし、人口が分散している農村的な地域では有意義な運行形態といえます。

1-3　公共交通の収支

ムーズ県の公共交通関係予算は、県の経常予算の約 8% を占めていました。

公共交通関係の約 8 割は学校交通でした。2016 年に現地で入手した資料（正確な年度不明）では、県の公共交通関係の支出総額は 1600 万ユーロ。そのうち学校交通は 1260 万ユーロで 79% を占め、残りの 340 万ユーロが、定期路線、デマンド交通、新幹線駅直行便バスの支出でした。

支出額から、スクールバスが県内の公共交通ネットワークに占める重要性、一般乗客の「混乗」や生徒の路線バス無料乗車などが実施されている意味も理解できます。

他方で運賃収入は、総額 131 万 8000 ユーロで、その内訳は、学校交通 85 万ユーロ、定期路線 22 万ユーロ、デマンド交通 8000 ユーロ、新幹線駅直行便 24 万ユーロです。収支率は全体で 8.2%（学校交通では 6.7%、それ以外は 13.8%）になります。県は一般予算からコストの 9 割以上を負担していたことになります。

より詳細な各支出額が分かる別の資料（2013 年県議会資料）で学校交通以外の支出額をみると、定期路線 265 万ユーロ、デマンド交通 41 万ユーロ、新幹線駅直行便 94 万ユーロとなっています。先の運賃収入データとこの支出データから各収支率を推定すると、定期路線 8% 程度、デマンド交通 2% 程度、新幹線駅直行便は 25% 程度となります。資料の年度がずれるのであくまで推定値ですが、傾向は分かります。デマンド交通の収支率は 2% しかないものの、公共交通支出に占める比率は約 2.5% しかないので、維持しても県にとっては大きな負担ではなかったと考えられます。

1-4　小　　　括

ムーズ県の調査から分かったことをまとめると次のようになります。

第 1 に、県が、1982 年基本法の下で、交通税を活用できない小さな自治体のための公共交通サービスを、スクールバス、定期路線バス、デマンド交通

を組み合わせて形成してきたことです。

　第2に、収支率がひと桁しかないような、日本で言えば不採算路線でも、県がコストの9割以上を負担して維持されてきました。

　第3に、農村的地域では、スクールバスを一般客が利用することで、生活に不可欠な広域の移動が確保されていたことです。その際、カボタージュのような路線を迂回する柔軟な運行形態も工夫されていました。

　ムーズ県の公共交通サービスは、すべて県議会がみずから決定した計画（路線、運賃、停留所など）と予算にもとづいていました。そこには国の出先機関によること細かな規制や指示も、国庫補助による煩わしい誘導もありませんでした。

2　ムルト゠エ゠モゼル県

2-1　ムルト゠エ゠モゼル県の概要

　ムルト゠エ゠モゼル県は、人口73万3481人（2017年）で、フランスでは中規模の県です。ムーズ県と同じくグラン・テスト州に属し、北はルクセンブルグ、ベルギーと国境を接しています。

　面積は5245.9km²で、その32%は森林です。人口密度139.8人/km²で、ムーズ県の29.2人/km²よりもかなり高い地域です。人口でムーズ県のほぼ4倍、人口密度では5倍近くになります。

　面積では両県に大きな差はありませんが、都市化された地域はムルト゠エ゠モゼル県の方がかなり広く、県内に9つの都市交通区域（現在の名称はモビリティ管轄区域）がありました。

　そのため県の管轄する公共交通は、県面積の67.4%（2014年データ）で、ムーズ県と比較すると4割ほど狭く、カバーすべき人口は県全体の4分の1程度でした。ただしカバーすべき人口数は17万9863人（2014年）で、ムーズ県のカバーすべき人口約13万人と大差はありませんでした。

2-2　県が組織する公共交通

2011年6月に県交通基本計画が県議会で採択され、これに基づく交通事業者との新契約は2013年9月に締結されました。

商業路線バス

県交通基本計画は、3つのサービス（構造路線、主要路線、地方路線）を区分して路線を体系化するものでした。定期路線バスは全体で36路線ですが、それらは7つの構造路線、16の主要路線、13の地方路線に編成されました。

運賃は、距離に関係なく一律2.75ユーロに設定されました。ただし10枚綴りの回数券が14.3ユーロなので1枚あたり半額程度になります。さらにこの回数券は、65歳以上の高齢者および26歳未満の若者は11ユーロで購入できます。他に20枚綴りの回数券が24.2ユーロ、1ヶ月定期41.8ユーロと日常的に利用する人には割安になっています。

また4歳未満および各種の社会保障サービス受給者は無料です。

図5-1-3　ムルト＝エ＝モゼル県議会・入り口

出所：筆者撮影。

　デマンド交通

　ムーズ県と同じく路線バスを補完する形で運行されており、すべての住民が利用できます。

　車両は、乗客座席数8席以下のもので、移動制約者に対応した車両が使用されています。

　このデマンド交通の実際の運営は、市連合や事務組合に委託（パートナーシップと呼ばれる）されています。実施しているのは、ペイ＝リュネヴィロワ混成事務組合（2012年7月9日から）、シャルドン＝ロレン市共同体（2014年3月1日から）、グラン＝クロネ市共同体（2014年5月1日から）の3つです。日常的にデマンド交通を利用しているのは県全体で2000人程度とのことでした。

　障がい者のためのデマンド交通

　2013年9月から障がい者のためのデマンド交通も実施されています。

　これは県の公共交通ネットワークを補完する形で運行されています。前日までに専用の番号に電話で予約します。予約の受付は月曜から土曜の7:00～19:30となっています。定期路線バスの時刻とルートに合わせて、最寄りの停留所まで運行されています。

　障がいを持つ生徒については、別の車両で特別のサービスもあります。

　学校交通

　県全体で435路線が運行されています。毎日2万7000人の生徒が利用しています。

　また座席のキャパシティの範囲内で、一般乗客の「混乗」も認められています。

2-3　公共交通の収支

　ムルト＝エ＝モゼル県の公共交通関係の支出総額は約3500万ユーロ（2013年度～2015年度の平均値）でした（表5-1-1）。

表 5 - 1 - 1　ムルト゠エ゠モゼル県の公共交通経常予算
の支出と運賃収入の推移

年度	2013	2014	2015
支出	36,798,089	34,082,749	34,563,929
運賃収入	1,672,693	1,875,531	1,995,811
運賃収入／支出	4.5%	5.5%	5.8%

　ムーズ県と比較してみると、ムーズ県の公共交通関係支出額は1人あたり約120ユーロですが、ムルト゠エ゠モゼル県は約194ユーロとなります。

　収支率をみると、各年度4.5%〜5.8%とかなり低いことも分かります。

　収支率が1桁で、県がコストの9割以上を負担している点はムーズ県と同じです。

2-4　小　　括

　ムーズ県、ムルト゠エ゠モゼル県の事例から、都市交通サービスが整備された地域から外れた所で、県が果たしてきた役割の概略が明らかになったと思います。

　フランスでは、利用者が少なく、運賃収入の比率が極めて低いような農村地域でも、財政力の弱い小さな市に代わって、県が公共交通の提供に責任を持ってきました。

　県全体で長期の交通計画を決定しながら、生徒、高齢者のニーズを考慮しつつ、効率的な運営（バス路線の体系化、デマンド交通への移行、利用者増のための広報、事業者への運行委託）などが取り組まれてきました。

　地域の事情に応じて、県のような広域自治体が公共交通サービスの権限と責任を持ち、体系的長期的な交通計画を策定し、財源を確保して取り組むことは、小さな自治体をカバーする公共交通サービスを編成する上で重要な意義がありました。

3　アルデンヌ県

　次に、2017年に公共交通の権限が、県から州へ移管された具体的事例とし
て、アルデンヌ県を紹介します。アルデンヌ県では、競争入札による民間事
業者との契約ではなく、「公社」による公営事業として公共交通サービスを運
営してきました。

3-1　県から州への権限移管

　近年まで、小都市や農村の自治体は交通税「空白地域」であったため、県
が代わって公共交通サービスを提供する責任を持ってきました。

　しかし2015年の法律によって、2017年以降、都市間を結ぶ定期路線バス、
学校交通、デマンド交通を編成する権限は、県から州へ移されました。

　その結果、県の権限は障がいをも
つ生徒のスクールバスだけになって
います。この権限再配分は、海外県
とイル゠ド゠フランス州を除いた国
土の88％に関わる大きな制度改革
でした。全国（海外を除いた数）で、
96存在する県から、13の州への権限
移管については、地域に身近な公共
交通の運営には適さないとして、地
方団体から反対がありましたが強行
されました。

　その背景は、当時の政権が、「県は
小さすぎて非効率」という立場をと
っていたことでした。すなわちフラ
ンス革命以来200年以上変わらない
県の自治体としての地位を弱め、州

図5-1-4　アルデンヌ県議会・障がいを持
　　　　つ生徒の移動のための部署入り
　　　　口

出所：筆者撮影。

レベルを強化する目的の制度変更でした。

　この権限の移管は現場では比較的スムーズに進んだようです。日本の公務員制度では想像しにくいことですが、県で公共交通を担当していた約 1100 人の専門職員は、州職員に身分変更され、勤務地も変化しなかったようです。州が各地に出先機関を設置したためです。このため公共交通行政の現場にあまり混乱はなかったようです。全国的にも、州は「これまでの組織をそのままコピーした」、「県の専門性は薄められなかった」（公教育交通全国連盟事務局長）と評価されています。

　この事実はフランスでは、県の公共交通部門で働いていた職員は、交通のスペシャリストであったことも示しています。県職員として蓄積してきた経験・知識が生かされる形で、州への権限移管を現場で担ったことで、管理者＝トップが県議会から州議会に変わったという制度変更で済みました。とはいえ、県より 7 倍も広い州が、公共交通不便地域にきめ細かい対応が可能なのか懸念されます。

3-2　県 の 概 要

　アルデンヌ県の人口は 26 万 7409 人（2020 年）のフランスでも小さな県です。1968 年の 30 万 9380 人から継続的に人口が減少しています。

　近年の減少の原因は、金属と繊維に特化していた産業構造とその転換の困難にあります。そのため若年層の人口流出も続いています。県庁所在地のシャルルヴィル゠メジエールの人口も 2006 年 5 万 1997 人から 2017 年 4 万 6428 人に減少しています。

　アルデンヌ県もグラン・テスト州に属し、ベルギーに接している地域です。県の南半分は基本的に農村地域で、もともと人口密度が低い県です。面積は 5229km^2 で、人口密度は 51 人/km^2 になります。

3-3　県が管轄する公共交通の縮小

　アルデンヌ県が管轄する公共交通がカバーすべき人口は、2009 年には県人口の約 8 割（22 万 3117 人）でしたが、2014 年には 6 割弱（15 万 7695 人）

にまで減少しました。大きく減少した理由は、都市部の自治体による公共交通の管轄区域が拡大したためでした。

　ただ県が責任を持つ面積は、5144.0km^2（県面積の約 98％）から 4656.5km^2（約 89％）と変化しただけでした。県にとっては、6 万人以上の利用者を失う一方、カバーすべき区域は広いままだったことを意味します。

　この変化の要因は都市化の進行という人口動態ではありません。政府の自治体政策の結果です。歴代の右派政権も左派政権も、ともに都市自治体の権限を強化し、県を弱体化する自治制度の改正を進めてきました。そのため都市部の市連合の規模拡大（合併）が進み、都市交通を編成する自治体の管轄区域が拡大することになりました。アルデンヌ県のデータはこの事実を示すものです。

3-4　県交通公社の州への移管

　公共交通の権限再配分の結果、県が出資し管理していたアルデンヌ県交通公社（以下、略称の RDTA）は、2017 年に州へ移管されました。これに伴い県議会と公社との間の公共交通サービスに関する契約は、州と公社の間での新契約に変更されました。

公社理事会の変化

　RDTA は、2020 年現在も同じ名称で存続しています。RDTA の理事会には 3 名の州議会議員が入り、県議会議員はいなくなりました。この公社がアルデンヌ県内の公共交通の運行事業者であり続けながら、トップの管理者だけ入れ替わったということになります。

　公共交通の運行に関するアルデンヌ県とグラン・テスト州の関係は、事業組織（実働部隊）が全く変わらないまま、管理者のトップが県議会議長（フランスでは議長が首長）から、州議会議長に変化しただけといえます。

事 業 内 容

　公社は比較的小規模です。従業員 168 人、運転手 124 人（パートが 57％）、

車両 132 台という構成になっていました（2016 年 9 月現在）。

　その事業内容（2015 年）を見ると、スクールバス（144 路線）、定期路線バス（9 路線）、デマンド交通（8 路線）、障がいを持つ生徒の学校送迎となっていました。

　各事業の規模をみると、スクールバス事業が路線数・走行距離ともに大きな比重を占めています。

　スクールバスのうちの 12 路線だけは、公社からさらに民間事業者に下請けされています。また、公社はこの他に県庁所在地の市連合（人口約 12 万人の「都市圏共同体」）から委託されたスクールバスも運行しています。

　スクールバス

　対象生徒は約 1 万 3000 人です。スクールバスへの一般乗客の「混乗」、生徒が路線バスで通学することも可能です。

　スクールバスの運賃は、保育園から中学校までが年間 80 ユーロ、高校・職業高校・職業訓練センターの生徒は 125 ユーロです。また第 3 子からは無料になります。

　定期路線バス

　9 路線ありますが、多くは 1 日 2 往復のみの運行です。朝夕の時間帯以外の運行が少なくなっています。このため、ピーク時以外の時間帯での人員・車両の活用が、県議会では課題として議論されていました。

　しかし、民間事業者が参入可能な分野である貸切バスや学校行事と課外活動のバス運行には、公社は競争して参入する必要があることから、路線バスの本数を増やす余裕がないという事情がありました。

　デマンド交通サービス

　デマンド交通サービスは 2015 年 9 月 1 日から導入されました。利用者が少ない 9 路線をデマンド交通に変更して運行しています。

公社の収支

公社の財政規模（2016 年予算）は、経常会計部門支出が約 1060 万ユーロ、投資会計部門支出が約 121 万ユーロでした。

投資会計の収入の 122 万 5000 ユーロは、経常支出からの繰り入れです（表 5-1-2）。

事業別に支出の規模（2014 年）をみると、スクールバス 76%、路線バス 20%、デマンド交通 4% という構成でした。他の県と同じように、県の主要な事業はスクールバスであったことが分かります（表 5-1-3）。

乗客数の推移をみると、2013 年から乗客数が大幅に減少しています。これは 2014 年 9 月より県庁所在地中心の都市圏の公共交通が、県から市連合に移譲されたためです。

また乗客数は 2016 年に前年比 41% 増と回復した理由は、デマンド交通（2015 年 9 月～）を導入したことと、運賃体系をゾーン制運賃から単一運賃に変更（2016 年 9 月～）したことによるものでした。この変更で利用者が増えたものの売り上げが減りました（表 5-1-4）。

表 5-1-2　アルデンヌ県交通公社・2016 年予算（当初）

	経常会計	投資会計
支　出	10,596,665	1,210,611
収　入	10,603,815	1,225,000

表 5-1-3　アルデンヌ県交通公社・事業別支出（税込み、2014 年）

スクールバス	6,763,928
路 線 バ ス	1,754,082
デマンド交通	368,602
計	8,886,612

表 5-1-4　アルデンヌ県交通公社・乗客数と車上売り上げ（スクールバス以外）の推移

年	乗　客　数	車上売上
2013	201,291	305,898
2014	119,056	233,272
2015	117,162	194,648
2016	165,222	161,910

3-5　公社という形態への評価

県が責任と権限を持つ公共交通を、公社の形態で提供していることについて、RDTA の文書では要約すると次のように評価していました。

「アルデンヌ県のような小規模な市場では、民間の交通事業者間で競争する余地はない。1 つの事業者で充分である。もし公営でなければ、公共交通市場は、過大な権力を行使できる 1 つの民間事業者の手に握られることに

なってしまう。公営事業者は、民間事業者の活動を無くしてしまうように活用されることはない。実際に走行距離の約16％（60万km）は、民間事業者が『下請け』している。このような現状の官民のバランスを維持することは県議会の意向である。これまでの事業パフォーマンスは良好である。したがって公営事業者であることは正当であると考える」

　以上のような公社形態への評価は、あくまで自己評価にすぎません。しかし、公営事業のメリットを提示しつつ、民間事業者とのバランスも配慮されていることが分かります。

　他方でEUの規則が、交通事業に入札を導入するルールがあるため、今後の動向が注目されます。

3-6　小　　括

　アルデンヌ県では、州への権限移管は比較的スムーズに進みました。その要因は何よりも、県職員であった公共交通担当者たちが州の職員に異動したこと、および運行事業者であった県公社がそのまま事業を継続したことでした。

　県の公共交通サービスの実働部隊が変わらず運営・運行の経験が生かされ、現場に混乱がなかったといえます。運営の権限と予算が州議会の管轄となり、トップの管理者が交代しただけで済みました。

　権限移管に混乱が少なかったもう1つの要因は、グラン・テスト州では15の地域出先機関を設置し、それまで州内の10県がそれぞれ独自に組織していたスクールバス、路線バス、デマンド交通の運営を引き継いだことでした。出先機関への行政事務分散は、中央政府が目指した行財政効率や制度簡素化とは矛盾しますが、地域の事情や歴史に即した公共交通サービスの組織化、地域間の公平に貢献していると評価できます。

第2章　地方の小都市におけるデマンド交通

　この章では、市共同体という名称の小規模の市連合（直接選挙される議会と独自の課税権を持つ自治体）のデマンド交通の特徴を現地調査に基づいて紹介します。

　これらの市共同体は、フランス北東部のドイツ・ベルギー・ルクセンブルグと国境を接する、グラン・テスト州のムルト゠エ゠モゼル県とバ゠ラン県の中にあります。

　まずムルト゠エ゠モゼル県のシャルドン゠ロレン市共同体を紹介します。農村地域にある人口が約１万人の自治体です。県庁所在地ナンシー市から約50km の距離に位置しています。

　次いでバ゠ラン県にある４つの市共同体を紹介します。これらも人口規模が１万人～２万人の小さな自治体です。県庁所在地のストラスブール市から、鉄道、バスで30 分～１時間半の圏内にあります。

市共同体によるデマンド交通の運営

　「オンデマンド・サービス」は、1982 年の国内交通基本法において、非都市地域の旅客交通の中に明記されました。このデマンド交通は、県が組織する責任を負っていましたが、県内の下位の自治体へ運営を委任することができます。紹介する事例もそれにあたります。

　デマンド交通は、定期バス路線が不便な地域をカバーする公共交通サービスです。しかし、フランスでは、民間事業者が撤退した地域のために導入されたものではありません。デマンド交通は、人口が低密度な地域に適した公共交通として、県の交通計画の中で体系的に組織されたものでした。

　県は６つの公共交通サービスを組織していました。①構造路線、②二次路線、③フィーダー路線（短距離で構造路線に接続）、④観光路線、⑤デマンド

交通、⑥スクールバスの 6 つです。

　フランスの法制度では、非都市の公共交通サービスを組織する責任は県にありました。これによって、農村地域の小規模自治体でも維持が可能になっていました。紹介する市共同体は、交通税を課税できません。人口規模からしても県からの財政援助がなければ、住民のニーズに応えるデマンド交通を導入することはできなかったと考えられます。

　このようなフランスの地方の実態は、日本の過疎地域、都市の郊外地域の公共交通政策にも示唆する点が多いと思います。

1　シャルドン゠ロレン市共同体

　ムルト゠エ゠モゼル県のシャルドン゠ロレン市共同体は 39 の市からなる広域の自治体（市連合）でした（2017 年に隣接する市共同体と合併し「消滅」）。人口は 1 万 277 人（2013 年）、面積は 323km²、人口密度は 31.8 人/km² でした（合併後の新しい市共同体は 44 市からなり人口約 2 万人、人口密度 44 人/km²)。

　定期路線バスが不便な地域で、道路は主として近隣の 2 つの都市につながるものに限定され、県庁所在地ナンシー市へ向かう路線はありません。

デマンド交通の概要
導入経緯
以前は県が直接デマンド交通を運営し 10 市だけをカバーしていたものを再編し、2014 年 3 月から市共同体が運営することになりました。

時刻、行き先が固定
　ドアツードア型ではありません。自宅から定期路線のバス停までに限定され、時刻は基本的に固定されています。予約に応じて出発地を変え、距離を最短とするようにルートも変えられます。
　利用目的は限定されていません。

図 5 - 2 - 1　シャルドン ゠ ロレン市共同体・デマンドタクシー
出所：シャルドン ゠ ロレン市共同体公式サイト。

運行は 39 市にそれぞれ週 2 回の運行があります。

予約は前日の 16 時までに行う必要があります。

運賃は片道 2 ユーロ、往復 3 ユーロ。チケットは運転手から購入します。

車両は 5 席で車いす対応のものを使用しています。ただし乗客が 1 人の場合や 5 名以上の場合は車両を替えます。

入札による委託

運行は、地方の交通事業者に委託されています。契約期間は 2 年間、1 年のみ延長可能です。

収 支 状 況

県からの補助は、支出から運賃収入を差し引いた「赤字分」の 50％ とされています。他に州からの補助もあり、赤字の 25％ とされています。実際の 2014 年〜2015 年の収入をみると、県補助は 50％、州補助は 20％ となっています。国の補助はありません（表 5 - 2 - 1）。

表 5 - 2 - 1　シャルドン゠ロレン市共同体・収支
（2014 年 3 月～2015 年 2 月）

支出		収入	
運行費（事業者）	2,822	県補助	1,632
人件費（予約業務）	700	州補助	641
		運賃	259
		市共同体負担	990
合計	3,522		3,522

　2 つの補助金により、市共同体自身の負担は 30％ に抑えられています。収支率（運賃／支出）をみると、7.4％ にすぎません。

利用状況と課題

　自治体のアンケートでは、利用目的が商店 28％、市場 8％、医者 24％、鉄道駅 8％、無回答 32％ となっています。主に、買い物や通院に利用されています。主な行き先は、区域外の 2 つの都市になっています。この 2 市へ出かける比率は、高まる傾向にあるようです。満足度に関する電話アンケートでは、非常に満足しているとの回答が多く寄せられています。

　課題は利用人数が少ないことです。2016 年 2 月末までの 2 年間の利用者データでは、25 人（13 の市の住民）でした。ただし利用回数をみると、1 年目が 83 回（往復も 1 回とカウント、往復の割合は 67％）、2 年目が 131 回（往復の割合 77％）と増加しました。走行距離も 2053km から 2717km へ伸びています。制度の周知とともに伸びてきたと考えられています。

　利用促進のためインターネット、ポスター、地方紙の記事掲載、パンフレットの全戸配布を行い、2 年目には、各市にデマンド交通を利用しそうな人の情報提供を求め、予約センターの職員がその人へ電話をかけサービスの説明する活動が行われました。推移はそれらの広報活動の効果があったことを示しています。さらに 2016 年には、地方紙、ラジオでの広報、公式サイトの更新、広報誌などに取り組んでいます。

　利用の拡大を目的に、時刻表を再編してスーパーの営業時間に合わせたり、

停留所の場所の見直しも行われました。さらに市共同体の福祉関係職員に対して、公共交通に関する研修を受けること、デマンド交通を体験することも奨励しています。

2　ペイ・ドゥ・ニーデルブロン゠レ゠バン市共同体

　ペイ・ドゥ・ニーデルブロン゠レ゠バン市共同体は、13の市域にまたがりその総人口は2万3381人です（表5-2-2）。ストラスブール市から州急行鉄道で、アグノー市まで35分、そこからバスで40分の所にあります。区域はドイツと国境を接している地域です。

　「みんなのタクシー Taxi pour tous」という名称で運行されているデマンド交通を導入しています。その特徴をまとめると次のようになっています。

「みんなのタクシー」の概要
　導入経緯
　県が運営する定期路線バスのうち、「2人しか乗っていない」ような一部路線が廃止され、デマンド交通に変更されました。

　ドアツードア型
　基本的に利用目的は限定されていません。パンフレットには余暇も書

図5-2-2　ニーデルブロン駅前
出所：筆者撮影。

表5-2-2　バ゠ラン県の4つの市共同体の比較（2015年）

	区域内の市数	人口	面積 km²	人口密度
ペイ・ドゥ・ニーデルブロン゠レ゠バン	13	23,381	184.40	126.80
カントン゠ドゥ゠ヴィレ	18	10,827	111.02	97.52
カントン゠ドゥ゠ロザイム	9	17,728	133.27	133.02
ラン	7	10,222	76.63	133.39

かれています。

　運行時間は7:00〜19:00（月〜金）、7:00〜13:00（土）となっています。

　予約は無料電話で予約センターが受け付けます。オペレーターは委託企業の雇用です。予約は24時間前までとなっています。受付は8:00〜18:00（月〜金）、8:00〜12:00（土）。

　運賃は1回2ユーロ（片道）で、運転手に支払います。失業手当受給者は無料、高齢者手当受給者と障がい者手当受給者、18歳未満は半額です。

　車両は車椅子に対応しています。これは委託契約の条件となっています。域外も含めて3つの会社と契約しています（各保有台数は不明）。

　利用の制限があり通勤・通学には利用できません。社会保険機関や職業訓練機関が交通費を支給している移動にも利用できません。14歳未満は同伴者が必要です。

　市共同体の区域内移動に限定されています。

　入札による委託が、4年に一度実施されます。

収 支 状 況

　2006年から2015年までの変化をみると、運行経費は5倍、料金収入は3倍になっています（表5-2-3）。

　バ゠ラン県では、補助金は赤字の50%以内で、かつ経費総額の30%が上限と定められていました。運行経費が増大したことにより県の補助額は約1

表5-2-3　ペイ・ドゥ・ニーデルブロン゠レ゠バン市共同体・収支の推移

年度	運営経費 a	運賃収入 b	b/a	県の補助 c	c/a	市共同体の負担 d	d/a
2006-2007	46,852.29	5,585.00	11.9%	14,055.69	30.0%	27,211.60	58.1%
2007-2008	63,683.23	8,030.00	12.6%	19,104.96	30.0%	36,548.27	57.4%
2008-2009	81,359.51	8,509.00	10.5%	24,407.85	30.0%	48,442.66	59.5%
2009-2010	86,974.50	9,792.00	11.3%	26,092.35	30.0%	51,090.15	58.7%
2010-2011	98,986.18	9,386.00	9.5%	29,695.85	30.0%	59,904.33	60.5%
2011-2012	152,972.53	10,480.00	6.9%	45,891.76	30.0%	96,600.77	63.1%
2012-2013	192,090.79	13,816.00	7.2%	57,627.24	30.0%	120,064.55	62.5%
2013-2014	215,438.36	16,202.00	7.5%	64,631.51	30.0%	134,604.85	62.5%
2014-2015	207,912.02	15,097.00	7.3%	62,373.61	30.0%	130,441.41	62.7%

万 4000 ユーロから約 6 万 2000 ユ
ーロに大きく増加しました。市共
同体の支出も、約 2 万 7000 ユーロ
から 13 万ユーロへ 10 万ユーロ以
上増加しています。

　収支率は、［2006 年〜2007 年］
の 11.9％ から次第に悪化し、［2014
年〜2015 年］には 7.3％ になって
います。

利用状況と課題

　ヒアリングによれば、利用者や
住民の評価は大変高く反対意見は
ない、議会でもすべての政党のコ
ンセンサスがあるとのことでした。

図 5 - 2 - 3　バ = ラン県庁（2015 年 3 月 3 日）
出所：筆者撮影。

　2011 年から利用が伸び、2013 年には月平均 1000 回以上、年間 1 万 2861 回
の利用がありました。利用者増加の要因は、制度が認知されたこと、定期路
線の廃止があったことでした。利用者の統計はありませんが、高齢者と車を
持たない低所得者が多いとのことでした。

　導入当初は、地域にパン屋さえない 4 つの市などで利用されると予想され
ていましたが、むしろ中心部住民の利用が多いようです。その理由は、郊外
地域では家族や隣人が協力することが多く、移動がまだ深刻な問題になって
いないためと考えられています。

　課題としては、開始時の予想を上回るコスト増加を懸念する意見があり、次
回の入札から運行を週 3 回に減らすことになっていました。他にも利用実態
として、特定の人が頻繁に利用していること、目的が友人とのランチなどは、
コスト増からみて検討課題とのことでした。

3　カントン＝ドゥ＝ヴィレ市共同体

　人口は１万 827 人の小さな自治体です（現在、ヴァレ＝ドゥ＝ヴィレ市共同体に改称されています）。ストラスブール市から州急行鉄道でセレスタ市まで 17 分、そこから路線バスで約 30 分のところにあります。

　「渓谷のタクシー Taxi'Val」という名称の「アラカルト・タクシー」が、2003 年５月２日に導入されています。

「渓谷のタクシー」の概要

　導入経緯

　高齢者や車を持たない人のためのサービスとして、医者、歯医者、大きなスーパーなどへの移動のために導入されました。

　ドアツードア型

　利用目的は限定されていません。

　運行時間は 8:00～20:00（月火木金）、12:00～20:00（水・市場が開催）、8:00～12:00（土）となっています。

　予約は、電話でオペレーターが対応します。前日の 18 時まで受け付けます。受付は 8:00～12:00、13:00～18:00（月～金）、水は 17:00 まで、8:30～12:00（土）となっています。

　運賃は１回 2.8 ユーロ（片道）です。

　車両は２～３台で、車いすに対応しています。

　利用の制限があり通勤・通学には利用できません。ただし通勤で路線バス停までの利用は認められます。社会保険機関や職業訓練機関が交通費を支給している移動にも利用できません。

　市共同体の区域内移動に限定されています。

　入札による委託が、３年に一度実施されます。価格だけで決定せず、車椅子乗降への対応などの要求に一番よく応えた会社に委託しています。2015 年

図5-2-4　ヴァレ゠ドゥ゠ヴィレ市共同体・デマンド交通（Taxi'Val）
出所：ヴァレ゠ドゥ゠ヴィレ市共同体公式サイト。

時点の委託先は地元バス会社でした。この
会社は、県が運営する路線バスも受託して
いました。

表5-2-4　カントン゠ドゥ゠ヴィ
レ市共同体・収支（2014
年9月～2015年8月）

運営経費 a	24,196.67
運賃収入 b	6,564.60
赤字 a－b	17,632.07
県の補助（a の30%）	7,259.00

収 支 状 況

収支率は、27.1% で他の市共同体よりも
かなり良い比率です（表5-2-4）。

利用状況と課題

推移のデータはありませんが、運営経費・運賃収入が同程度の市共同体と
比較すると、利用回数は非常に多いといえます。2014年9月～2015年8月の
利用回数をみると、2737回（市内282回、市共同体域内2455回）となって
いて、市共同体の区域内にある他市に外出する足として機能しています。

ヒアリングで聞いた唯一の課題は、コストがこれ以上増加しないように対
策を立てることでした。

4　カントン゠ドゥ゠ロザイム市共同体

カントン゠ドゥ゠ロザイム市共同体は9市からなる広域自治体で、その人

口は1万7728人です（現在、ポルト゠ドゥ゠ロザイム市共同体に改称されています）。

　ストラスブール市から約30kmに位置し、州急行鉄道で中心のロザイム市まで24分です。

　この地域は、ローマ時代の遺跡もあり、観光客が多い所です。ストラスブールから若い人たちが移住してくるので、高齢化率は下がっています。自然に恵まれ、各市に人口が密集して住んでいる「コンパクトな小都市」です。各市の間隔が近く、村にも活気がある地域です。

　「トランス・カントン」という名称で運行されているデマンド交通について紹介します。

「トランス・カントン」の概要
　導入経緯

　導入の目的は高齢者、1人暮らしの人が孤立しないようにすることでした。それまで市共同体の事業は、子どもや中学生・高校生向け（放課後や休日活

図5-2-5　カントン゠ドゥ゠ロザイム市共同体・デマンドタクシー
出所：筆者撮影。

動への補助が年間 32 万ユーロありました）に偏っていて、高齢者向けのサービスが少なかったことが反省されたとのことでした。

ドアツードア型

利用目的は限定されていません。

運行時間は 8:00〜18:00（月〜金）、9:00〜14:00（土）です。

予約は電話で予約センターが受け付けます。前日 18 時まで、月曜の予約は土曜正午まで受け付けます。

運賃は、域内は 1 回 3.5 ユーロ（片道）で、回数券（10 枚）は 30 ユーロです。区域外（近郊の 6 市）への移動も可能で 4.5 ユーロ（片道）、回数券（10 枚）40 ユーロとなっています。また 3 歳未満は無料です。

車両は 3 台（8 席のもの、5 席＋車椅子のもの、高齢者が乗りやすいシートのもの）で運行しています。

社会保険機関や職業訓練機関が交通費を支給している移動には利用できません。また観光地であるサン・オディール山への移動には利用できません。

入札による委託が、3 年に一度実施されます。応札者数は 4 者程度あります。落札基準は価格だけにこだわらず、価格 40％、運行実績 60％ で事業者を選定しています。

収 支 状 況

事業者の経費は利用数ではなく走行距離で計算され、経費請求は月ごとに行われます。

市共同体の負担額は年間 9000 ユーロ弱です（表 5 - 2 - 5）。ヒアリングで

表 5 - 2 - 5　カントン = ドゥ = ロザイム市共同体・収支（2014 年）

支出		収入	
宣伝費	589.07	バ = ラン県の補助	9,273.28
電話予約経費	864.37	市共同体の負担	8,846.16
事業経費	23,061.75	運賃収入	6,395.75
合計（運営経費）	24,515.19	合計	24,515.19

は市共同体年間予算は約 300 万ユーロとのことで、デマンド交通への支出は大きな負担ではないとの回答でした。

　収支率は 26.1% と比較的高めです。

利用状況と課題

　利用者は 2006 年 565 人から 2014 年 1754 人と 3 倍以上増加しました。自治体のアンケート（2014 年）によると、利用目的は、医療サービス 36.5%、私的目的 22%、買い物 21% となっています。目的地は、郊外地域からロザイム市中心部への移動が 48%、近隣の比較的大きな都市オベルネ市への移動が 32% と多くなっています。

　デマンド交通によって、高齢者の外出（家族の家や金融機関など）が増加し、経済的効果もあったと評価されています。

　またデマンド交通は住民のためのサービスで、この市共同体でも政治的争点にはならなかったようです。ただしデマンド交通は、赤字前提の事業なので導入時にコストは問題になったとのことです。コストのコントロールと事業者との信頼関係（経費削減だけを求めないなど）のどちらも大事にしているとのことでした。

5　ラン市共同体

　ラン市共同体は 7 市の区域にまたがる、人口 1 万 222 人の自治体でした（2017 年に隣接する市共同体と合併し「消滅」。合併後の新しい市共同体は 28 市からなり人口約 4 万 8000 人、人口密度 178 人/km²）。ライン川に接する地域で対岸はドイツ領土です。市共同体の中心は、人口 2689 人のリノー市でした。ストラスブール市からは、路面電車と県の路線バスに乗り継ぎ、約 1 時間の所に位置しています。

デマンド交通の概要

導入経緯

ヒアリングで印象的だったのは導入の目的でした。定期路線バスには柔軟性がないので住民のニーズに合わなかった、デマンド交通は住民・高齢者が自立して自宅で暮らせ、好きなように移動できるための手段であり、公共サービスの考え方に対応したものだ、との回答でした。

ただし興味深いのはデマンド交通は、あくまで路線バスを補完する手段、鉄道駅へ向かう手段として接続が意識されている点です。体系的な公共交通サービスが目指されていたといえます。

ドアツードア型

利用目的は限定されていません。

運行時間は 8:00〜18:00（月〜金）ですが、土曜は 8 時から日曜の朝 4 時まで運行されています。中心部のレストランでの食事、音楽会を楽しみ、飲酒しても帰宅できることが想定されています。

予約は、無料電話でオペレーターが対応します。先着順になっています。前日 17 時 30 分まで、月曜の予約は土曜の正午までとなっています。

運賃は、区域内が 1 回 2 ユーロで、土曜 19 時以降は 3 ユーロです。区域外の 2 つの市へは 4 ユーロで、土曜 19 時以降は 6 ユーロになります。回数券（10 枚）はそれぞれ 30 ユーロと 40 ユーロです。3 歳未満は無料になります。

車両は、地元のタクシー会社の保有台数で 10 台程度です。車両は車椅子に対応しています。また運転手は、利用者の求めに応じて乗降の介助を行います。

同一人の利用は 1 日 4 トリップ、1 週間 10 トリップ（5 往復）までに制限されています。また通勤・通学には利用できず、社会保険機関や職業訓練機関が交通費を支給している移動にも利用できません。16 歳未満は同伴者が必要で、16 歳〜18 歳未満は保護者の許可証明が必要です。

同一市内の移動には利用できません。また区域外の 2 市への移動は往復利用に限定されます。

　入札による委託で、2015 年時点の委託先は、地元タクシー会社でした。このタクシー会社には、医療機関への救急搬送および葬儀関連の移動まで委託されていました。以前は予約業務を、州外の会社に委託していましたが、高齢者への対応が良くなかったため変更されました。

収 支 状 況

　2010 年から 2015 年で、運営経費は 3 倍近く増加しています（表 5 - 2 - 6）。運賃収入のデータがないため、収支率は不明です。

利用状況と課題

　現状では、医療機関への移動が多いとのことです。

　課題の 1 つは、できる限り 1 トリップで複数の人を乗せるように、事業者が予約を調整することで、これは委託契約条項に入れられています。

　ニーズに応えることとコストとのバランスも課題とされています。デマンド交通を乱用しないよう利用者に呼びかけています。たとえばレストランへチェスをしに出かけるなどが多い場合は、利用者にコストのことを考えるように、個別連絡しているそうです。

　また区域外への移動利用を増やしたいが、コスト増になるので限界があるとのことでした。

　デマンド交通で個人の要求に応えれば応えるほど、「古典的なバス」の利用が低迷するというネガティブな面があるとの意見も聞きました。

　タクシー会社との関係も課題です。前日予約が必要なデマンド交通では、

表 5 - 2 - 6　ラン市共同体・運行経費と県の補助

年度	運営経費 a	県の補助（a の 30%）
2010-2011	9,205.65	2,761.70
2011-2012	16,677.60	5,003.28
2012-2013	15,006.96	4,502.09
2013-2014	18,302.00	5,490.60
2014-2015	26,852.80	8,055.84

急な用事には対応できないため、地元タクシー会社は必要で維持しなければ
ならないとの考えから、地元タクシー会社との競合にも配慮しているとの回
答がありました。調査時点ではデマンド交通の委託先がタクシー会社なので、
この課題は顕在化していませんが、入札は定期的に実施しなければならない
ので課題は継続しています。

6　小　　　括

　フランスの県は日本とは違って、市と市を結ぶすべての定期路線バス、観
光路線バス、スクールバスを運営し、加えてデマンド交通にも責任を持って
いました。

　したがって地方の小規模な自治体は区域内の移動手段を整備することに専
念できます。しかもデマンド交通の責任は県にあったので、運行が委託され
る形で県の補助金が出ました。不便な非都市部で、路線バスやスクールバス
およびデマンド交通が体系化されてきたのはこのためです。

　2017年に、県がそれまで持っていた公共交通の権限は、ほぼすべてが州に
移管されましたが、「非都市」の公共交通サービスは小規模な自治体ではなく、
財政に比較的余力のある広域自治体が編成に責任を持つ体制は継続していま
す。

あ と が き

　全くの偶然ですが、本書を書いていた時期は新型コロナのパンデミックの
まっただ中でした。人にとって「移動」することの意味を改めて考え続ける
ことになりました。

　私たちは外出を控える、「密」を避けるという今まで経験したことのない状
況に置かれました。公共交通とくに日常の移動手段であるバス・電車は、大
量の人を「密」集させて運ぶことで事業として成り立ちます。したがってこ
の事業の経営は、世界中で大きな打撃を受けています。

　公共交通の利用者減少と対照的に、「密」にならない移動手段の利用が増え
ました。自家用車、自転車、電動自転車・キックボードなどです。

　コロナ以後の公共交通が元の状態にもどるのか、それとも一定期間この状
態が継続し公共交通を含む移動手段の再編が始まるのか、今のところまだ明
確ではありません。

　本書で取り上げた「疎」の地域では、長らく公共交通とくに定期路線バス
（大型車両）が不便・不足という問題に直面してきました。コロナ以前から
危機に陥っていたといえます。紹介した実例は、ほんの一部にすぎませんが、
不充分な現行法制度の下でも、地域独自の工夫はできることを示しています。

　自治体が取るべき対策の基本は2つであると思います。

　第1は、公共サービスとして提供することを明確にすることです。収支率
が一桁前後の地域公共交通を民間事業と市場に任せることはそもそも不可能
です。提供する責任は自治体にあること、同時にその財源の保障・充実は国
の責任であるという法制度に転換することを求めなければなりません。

　第2の対策は、大型車両の乗合バスとは異なるタイプのサービスの提供を
模索することです。デマンド交通、乗り合い、ライドシェアなどで定時定路
線から転換する、車両は「ミニバス」「ジャンボタクシー」を活用することな
どです。また元気な高齢者には電動自転車の活用も考えられます。

　最後に、日本およびフランス各地の現地調査において、ヒアリングの時間を割いて頂き、様々な資料を準備してくださった自治体職員・社会福祉協議会・NPO のみなさん、調査を共にした研究者のみなさん、その他すべてのお世話になったみなさんに感謝申し上げます。

西村　茂

1953 年生まれ。名古屋大学文学部卒。名古屋大学法学部助手、金沢大学法学部助教授、金沢大学法学部教授を経て、現在、金沢大学名誉教授。主要著書に『地域と自治体第 34 集　住民がつくる地域自治組織・コミュニティ』（編著、自治体研究社、2011 年）、『指定都市の区役所と住民自治』（編著、自治体研究社、2012 年）、『地域と自治体第 35 集　大都市における自治の課題と自治体間連携』（編著、自治体研究社、2014 年）、『平成合併を検証する』（編著、自治体研究社、2015 年）など。

長寿社会の地域公共交通
移動をうながす実例と法制度

2020 年 11 月 30 日　初版第 1 刷発行

著　著　西村　茂
　　　　にしむら　しげる
発行者　長平　弘
発行所　株式会社　自治体研究社
　　　　〒162-8512
　　　　東京都新宿区矢来町 123　矢来ビル 4 F
　　　　TEL　03-3235-5941
　　　　FAX　03-3235-5933
　　　　https://www.jichiken.jp/
　　　　E-mail：info@jichiken.jp
印刷所
製本所　モリモト印刷株式会社
DTP　　赤塚　修

ISBN978-4-88037-717-9 C0036